# EDSON PUDENCE

# DA
# GAFE
# AO
# GARFO

Copyright© 2019 by Literare Books International
Todos os direitos desta edição são reservados à Literare Books International.

**Presidente:**
Mauricio Sita

**Capa, diagramação e projeto gráfico:**
Gabriel Uchima

**Ilustrações:**
Salvador Oliva Junior

**Revisão:**
Camila Oliveira

**Diretora de projetos:**
Gleide Santos

**Diretora de operações:**
Alessandra Ksenhuck

**Diretora executiva:**
Julyana Rosa

**Relacionamento com o cliente:**
Claudia Pires

**Impressão:**
Powergraphics

---

**Dados Internacionais de Catalogação na Publicação (CIP)**
**(eDOC BRASIL, Belo Horizonte/MG)**

P977d  Pudence, Edson.
     Da gafe ao garfo: prepare-se para uma viagem ao mundo dos detalhes no setor de serviços / Edson Pudence. – São Paulo (SP): Literare Books International, 2019.
     152 p. : il. ; 16 x 23 cm

   ISBN 978-85-9455-159-7

   1. Atendimento ao cliente. 2. Prestação de serviços – Qualidade. I. Título.
                                     CDD 338.47

**Elaborado por Maurício Amormino Júnior – CRB6/2422**

---

Literare Books International Ltda
Rua Antônio Augusto Covello, 472 – Vila Mariana – São Paulo, SP
CEP 01550-060
Fone/fax: (0**11) 2659-0968
site: www.literarebooks.com.br
e-mail: literare@literarebooks.com.br

# MENU

## CAPÍTULOS

### Capítulo 1
Panela amassada e um manjar dos deuses: meu primeiro contato com a boa mesa..................11

### Capítulo 2
Cozinha, a alquimia do simples..................17

### Capítulo 3
Ambientação, a arte de levar o cliente a sonhar..................23

### Capítulo 4
Aprendendo a cozinhar..................27

### Capítulo 5
Aprendendo com a vida..................31

### Capítulo 6
É preciso gostar de pessoas..................35

### Capítulo 7
O senhor Manuel..................43

### Capítulo 8
Servir bem para servir sempre..................47

### Capítulo 9
Perdoe-me, senhor, está em falta..................53

### Capítulo 10
Aconteceu comigo. E com você?..................57

### Capítulo 11
A tecnologia do servir..................65

### Capítulo 12
Quando a máquina erra..................69

**Capítulo 13**
Aconteceu em Fátima..................................................................................................75

**Capítulo 14**
Fama e reputação........................................................................................................79

**Capítulo 15**
Marketing e propaganda.............................................................................................83

**Capítulo 16**
O prazeroso e suculento norte de Portugal.................................................................87

**Capítulo 17**
A experiência do bem dormir.....................................................................................93

**Capítulo 18**
Encerrando Portugal...................................................................................................99

**Capítulo 19**
A alma do negócio....................................................................................................103

**Capítulo 20**
Só um dedo no copo.................................................................................................107

**Capítulo 21**
A importância da capacitação...................................................................................113

**Capítulo 22**
Detalhes que fazem toda a diferença........................................................................119

**Capítulo 23**
Banheiro: para o bem e para o mal...........................................................................125

**Capítulo 24**
Quiosques de praia...................................................................................................131

**Capítulo 25**
Entendendo a origem................................................................................................137

**Capítulo 26**
Quando os olhos brilham..........................................................................................143

**Capítulo 27**
Preservando a vida e seu empreendimento..............................................................147

## DEDICATÓRIA

Dedico esta obra a DEUS e a todos aqueles que colaboraram com as boas conversas e os incomparáveis papos de boteco. Assim como, dedico àqueles que buscam a excelência dos serviços; como sendo o mínimo a dedicar aos seus clientes, sendo incansáveis na busca e no desejo do bem servir. Dedico aos investidores e colaboradores que atuam promovendo o funcionamento de hotéis, bares e restaurantes. Sendo que são atividades onde os trabalhadores atuam no exato momento onde mais precisamos e queremos o justo descanso, uma boa refeição ou simplesmente poder relaxar e desfrutar de instantes de prazer e alegria. Importante destacar que, nos momentos do nosso lazer, lá estão, trabalhando e prontos a nos servir. Dedico ao Dr. Ademir de Mattos, grande companheiro de jornadas em hotéis, restaurantes e botecos. Sou grato pela disposição e paciência ante a minha sempre busca pelos detalhes a quem aproveito para pedir desculpas pelo mau humor quando não éramos bem atendidos.

Servir é uma das missões mais nobres e desafiadoras. Portanto, rendo minhas homenagens a todos que se dedicam a promover o encantamento das pessoas, servindo-as com magia e dedicação.

## AGRADECIMENTOS

Agradeço a todas as pessoas que, ao longo de algumas décadas, permitiram que eu pudesse experimentar a vida e conhecer um pouco do encanto mundo do servir, promovido pelos hotéis, bares e restaurantes. Não poderia deixar de agradecer à mãe de meus filhos por ter me encorajado a nunca desistir. Coragem renovada por meio da minha esposa Helen (apreciadora de uma boa cachaça) e contando com meus filhos Bruno, Pedro, Maressa e Raissa, por todos esses anos de parceria e paciência com a minha determinação na busca do melhor atendimento e o melhor servir. Agradecer as gentilezas que recebi ao longo da vida, assim como, ainda que desafiadoras, sou grato pelas experiências não agradáveis, pois elas desempenharam um papel fundamental na formação dos meus conceitos e convicções.

Sou grato a Danielle Keslarek, minha orientadora na organização deste trabalho, por sua generosidade e a busca constante na excelência do resultado.

## RECONHECIMENTO

Minha eterna gratidão aos meus clientes, cuja confiança, ao longo de todos estes anos, foi de fundamental importância para que eu pudesse reunir as condições de conhecer e desenvolver este trabalho. Agradeço especialmente ao Dr. Manuel R. T. Almeida Filho (Cachaça Velho Barreiro) e aos irmãos Vicente de Tommaso Neto e Antonio Nicolau de Tommaso (Vodka Balalaika), aos quais dedico parte importante do meu crescimento pessoal e profissional.

Agradeço aos meus sócios Alexandre, Gean, Marcelo e Ricardo (*in memorian*) pela parceria e confiança ao longo destes anos, assim como sou grato a todos aqueles que fizeram e fazem parte do grande desafio que é conviver e não simplesmente viver. Agradeço aos futuros genros e noras, que hoje fazem parte da minha vida. Sou grato aos meus amigos e familiares, por terem assistido toda a minha jornada até aqui. Sou, principalmente, grato a Deus, a quem dedico, novamente, a oportunidade de ter vivido todas as experiências que hoje deságuam neste trabalho.

# INTRODUÇÃO

Quando se passa dos 50 anos de idade, tendo tido a oportunidade de viajar, conhecer outros povos, seus costumes e modo de vida, é incrível a quantidade de experiências acumuladas acerca de inúmeros assuntos. Mas, no meu caso, um tema me fascina, me inspira, me atrai: a boa mesa e os bons serviços.

Embora advogado, foi esse tema que mais despertou a minha curiosidade pelos detalhes.

Daí nasceu a ideia *Da gafe ao garfo:* compartilhar com você, leitor, as mais variadas experiências vividas em torno de uma mesa, no banco de madeira em frente a um balcão, experimentando bebidas alcoólicas, sucos, águas e alimentos elaborados por chefes renomados, donos de bares, restaurantes, armazéns e barracas de praia. Ou seja, onde tinha um canto para encostar, lá estava eu, bebendo, comendo e partilhando com amigos e família esses momentos especiais da vida. Lá estava eu, assim como você, tendo gratas surpresas – e outras, nem tanto; as verdadeiras gafes.

Também é missão *Da gafe ao garfo* conversar com você, dono de um estabelecimento comercial que, assim como muitos dos seus clientes, saiu satisfeito, insatisfeito, encantado ou transtornado. Aqui você saberá o que pensa o seu cliente, no que você pode melhorar, o que você pode fazer para viver com a casa cheia. Aquilo que você sempre quis que dissessem, mas que quase nunca chega aos seus ouvidos.

Abra um vinho, uma cerveja, uma cachaça, um licor, um suco, enfim, divida comigo um pouco daquilo que vi e vivi.
Sirva-se. Você é de casa!

**Edson Pudence**

> ### Nota:
>
> O autor entende que esta obra poderá ser importante ferramenta a todos os empreendedores que tratam diretamente com o seu público consumidor, e não somente àqueles voltados a bares, restaurantes e hotéis.

Não espere conselhos, aprenda lições.

Não espere conselhos,
aprenda lições.

# CAPÍTULO 1

## Panela amassada e um manjar dos deuses: meu primeiro contato com a boa mesa

Vivi boa parte da minha infância na pequena Itirapina, cidade nascida ao longo da ferrovia, nos tempos bons do funcionamento dos trens, localizada no interior do estado de São Paulo. Uma terra que se orgulha de ser berço do saudoso Dr. Ulisses Guimarães, figura, talvez, só conhecida por nome pela nova geração, mas, para mim, um dos maiores e melhores homens públicos na jovem história do nosso Brasil. Itirapina não é minha cidade natal, mas fui levado até ela por minha mãe, quando tinha três anos de idade, e criado por meus avós até meus dezesseis anos.

Aqueles que me conhecem na intimidade já me ouviram dizer, por inúmeras vezes, a frase que explica a iniciativa de escrever este livro:

"Eu assisti a vida. E ainda assisto..."

Muitos de vocês podem pensar ser mera pretensão acreditar que, com pouco mais de 50 anos, pude assistir a vida. Mas, digo com segurança que é possível, sim. É possível assistir e, o mais importante: assistir, aprender e partilhar. Afinal, de nada vale viver 100 anos e nada partilhar.

Voltando a minha querida Itirapina e ao convívio com meus avós, não posso deixar de destacar essa figura humana que reputo ser a mais importante em minha existência: minha avó, Dona Sara. Mas,

# Da gafe ao garfo

antes de aprofundar-me nas maravilhosas lições espalhadas por essa mulher, tenho o dever de manifestar importante gratidão ao meu avô. Esse grande homem que, mesmo com os rendimentos de um salário mínimo, era ferroviário e deu conta de criar a mim e a meus irmãos.

Voltando à Dona Sara, que mulher especial! Pessoa humilde em sua plenitude, analfabeta até a idade madura, frequentou o extinto Mobral (programa do governo federal para alfabetização de adultos) para aprender a escrever seu nome de "carreirinha", uma vez que o seu sonho era assinar o próprio nome. Era comerciante de tudo. Quando escrevo tudo, quero dizer tudo mesmo. Vendia verduras cultivadas no próprio quintal (sendo que, na maioria das vezes, tinha um dó danado de cobrar, pois suas freguesas eram humildes e mais pobres do que ela), roupas usadas e flores artificiais. E quando digo "flores artificiais", faz-se necessário um singelo comentário. Naquela época, quase cinquenta anos atrás, as mulheres, em especial as moças a partir da idade de debutantes, utilizavam com frequência a aplicação de adornos florais em seus vestidos e cabelos. Nos dias de baile (sim, naquele tempo, dia de baile era o mesmo que o dia dos atuais "mega shows") a cidade parava, as moças coloriam as ruas em um movimento frenético na busca por seus vestidos, sapatos e a arrumação de cabelos e unhas.

Como já mencionei, a cidade era muito pequena, razão pela qual era possível acompanhar toda essa movimentação preparatória para o baile. Em nossa casa, o que se via era uma desfile de moças lindas e animadas com os arranjos florais confeccionados pelas mãos hábeis de minha avó. Vale comentar que meu avô tinha um papel coadjuvante muito importante, pois, mesmo aposentado, ele tinha por ofício acessório herdado de seu pai, meu bisavô, o de ser sapateiro. No caso das moças frequentadoras de nossa humilde casa, elas também buscavam seus sapatos recém-reformados, pois meu avô era um artista na reconstrução e conserto dos saltos e saltinhos.

Foi exatamente nesse ambiente familiar e época que passei a formar um senso mais crítico sobre o que eu comia e bebia. Minha avó era uma cozinheira muito simples. Seus pratos eram triviais, até porque a situação financeira não permitia qualquer extravagância. A base dos seus preparos era a utilização da gordura de porco, pois ao fazer o torresmo, a gordura era armazenada e utilizada no dia a dia. Outro componente frequente de sua cozinha era a farinha de milho. Incrível, mas tudo tinha farinha de milho.

# Edson Pudence

A banana era um verdadeiro coringa na cozinha. Minha avó tinha uma criatividade fantástica no preparo dessa fruta. Comia-se banana de todas as formas, no entanto, o rei na cozinha era o ovo. Até hoje eu tenho o ovo como o acompanhamento privilegiado em minhas refeições. O frango e a carne de boi, que na época chamávamos de carne de vaca, eram reservados aos domingos e ocasiões especiais.

Por falar em ocasiões especiais, é preciso mencionar que a grande alegria de minha avó era receber para o almoço o pastor da igreja presbiteriana da qual éramos ligados e batizados. Uma vez que nossa igreja não tinha recursos financeiros para manter um pastor exclusivo, os pastores vinham de cidades vizinhas. Hospedar o pastor era uma verdadeira honraria. Na verdade, minha avó tinha uma conexão direta com Deus, pois jamais conheci alguém que tivesse maior fé.

Quando o pastor chegava para o almoço, eu já sabia: teria que ficar quieto em meu canto, pois o pastor sempre comia primeiro. Imagine um menino, doido pra comer, tendo que ver o pastor almoçar e ficar imóvel?

O almoço era caprichado. O cardápio, exclusivo para o pastor: havia macarrão, carne de vaca (boi), salada, ovo, vegetais refogados e manjar. Sim, dei toda essa volta para falar do manjar de coco da Dona Sara.

Minha avó fazia um manjar que era divino. Eu me lembro de como ela preparava o doce, e asseguro, não tinha nada de especial. Era o tipo de receita simples, mas com um toque inigualável, o toque da minha avó. O manjar era leve, saboroso, com calda de açúcar igualmente saborosa. Coisa para se comer de joelhos! O toque especial a que me refiro era o complemento de uma única ameixa sobre o doce. As ameixas custavam caro, e quando minha avó as comprava, utilizava-as uma a uma. Portanto, o manjar era oferecido primeiramente ao pastor e a ameixa adornava, exatamente, a sua porção. Confesso que cheguei a odiar o pastor, afinal, ele ficava com o melhor bife, a melhor parte do frango e ainda comia a única ameixa do manjar! Certamente não havia razão maior para odiá-lo. Mas, fiquem certos de que o ódio passava assim que ele partia, pois era tanta comida que minha avó oferecia a ele que, juro, por vezes, percebia lágrimas em seus olhos, tanta era a comida que minha avó colocava em seu prato.

Tenho razões para acreditar que o manjar feito por minha avó tenha sido o primeiro prato a me chamar a atenção para o bom garfo.

Uma porção generosa de amor.

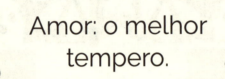

Amor: o melhor tempero.

# CAPÍTULO 2

## Cozinha, a alquimia do simples

Esta história da Dona Sara me faz acreditar que a cozinha de uma casa ou de qualquer estabelecimento comercial é um lugar mágico, um espaço em que toda arte se manifesta. Não importa o tamanho ou a sofisticação do empreendimento, a cozinha é o lugar onde o erro não pode existir.

A memória que mais fixa na mente do consumidor é a do prazer de saborear um bom prato. A regra vale do petisco ao *escargot*, do filé *mignon* ao pastelzinho, do creme de aspargos à canja de galinha, da *bruschetta* ao pão com manteiga. Do velho e bem conhecido pão na chapa até o legítimo presunto *Di Parma*, tudo deve ser servido com qualidade, higiene e sabores incomparáveis.

Ao saborear uma iguaria, o cliente precisa ter a sensação de que tudo passou a ser especial desde a sua chegada naquele ambiente. O prato não deve agredir a importância da visita dele, mas, sim, ser uma saudação à felicidade pela sua presença.

Os cuidados com alimentos de rápida deterioração ou que devam ser servidos *in natura* também são fundamentais, assim como a consulta ao cliente, se o mesmo tem alguma restrição alimentar. Vivemos em tempos em que a medicina está cada vez mais avançada e as pessoas passaram a compreender e ser alertadas sobre restrições e intolerâncias a determinados alimentos.

# Da gafe ao garfo

Quero aqui fazer um alerta importante: o cliente não é cobaia e jamais deverá ser. Portanto, nada deve ser servido sem que antes a receita tenha sido, exaustivamente, testada. Um estabelecimento que se propõe a atuar de modo ético e seguro atuará, necessariamente, em sintonia com as demandas de seus clientes, mas em obediência às normas de saúde pública, higiene e cuidados com o bem-estar de todos.

Ter a cozinha como uma extensão dos espaços a serem explorados pelos visitantes é o desejável, mas impõe um compromisso indissociável das regras e normas de higiene e organização. Quando um cliente pede para conhecer a cozinha ou o mesmo é convidado a fazê-lo, é importante que o responsável esteja seguro de que tudo será encontrado no padrão que se espera de um local em que o prato que vai à mesa é preparado. Da limpeza à adequação do uniforme, da separação da louça a ser lavada da louça limpa, do correto acondicionamento de restos de alimentos à limpeza do piso e panelas já utilizadas, tudo precisa estar em seu lugar, pois comentários com desculpas não serão admitidos.

Exemplos:

- "Peço desculpas pela bagunça!";
- "Eu já ia mandar lavar!";
- "Já ia varrer!";
- "O lixo já está sendo colocado pra fora!";
- "Acabou de sujar, estava limpinho!".

A cozinha é o paraíso, mas, ao mesmo tempo, é o campo de batalha do chefe. Dessa contradição saem os pratos e as delícias que encantarão ou poderão ser motivo de condenação do estabelecimento.

Os pratos podem ter por inspiração as receitas da vovó, da mamãe, do papai ou do titio. Podem ser criados por chefes e cozinheiros(as) autodidatas ou profissionais diplomados. Podem até ser preparados por jovens sonhadores. No entanto, os pratos precisam ser preparados dentro de regras, conceitos e cuidados. Como já mencionei, o cliente não é cobaia e um estabelecimento comercial não é lugar para brincadeiras.

Sem dúvida, eu gostaria que fosse divertido para todos, mas, nem sempre é assim. Seja como for, o cliente deve ser o astro ou estrela do estabelecimento, pois a vaidade não deve tomar conta daqueles que preparam os pratos ou são proprietários dos estabelecimentos comerciais.

# Edson Pudence

Nada é mais recompensador do que espiar pela fresta da porta e perceber que o cliente está em êxtase e feliz. A recompensa é o sorriso, o retorno dele à casa e a oportunidade do *chef* ou cozinheiro(a) poder dizer:

- "Feliz por reencontrá-lo(a)";
- "Seja novamente bem-vindo(a)";
- "Volte sempre, pois será aguardado(a)".

Um cliente feliz é a certeza de ter tomado as decisões certas.

A sua felicidade só será plena se o seu cliente estiver feliz.

# CAPÍTULO 3

## Ambientação, a arte de levar o cliente a sonhar

Não são raros os estabelecimentos que se atrapalham na decoração e nos acessórios. Com isso, acabam por confundir o cliente, não permitindo ao mesmo uma leitura correta daquilo que se propõe.

O meu comentário inclui todos os tipos de bares, restaurantes e hotéis. Quando o empreendedor se aventura a decorar o seu empreendimento, ele precisa estar seguro de que o local estará de acordo com a proposta que irá anunciar.

Se um restaurante ou bar tem como proposta comidas típicas de determinada região ou país, certamente, a decoração recomendada será aquela que envolva o cliente dentro da atmosfera que se propõe. Porém, não é preciso colocar um bode no meio do salão para tipificar o local como sendo de comidas nordestinas. Assim como não preciso ter um tanque com um jacaré para servir de chamariz para comidas do Pantanal. Há adereços e peças que podem, perfeitamente, criar uma atmosfera que transportará o cliente ao imaginário desses lugares.

Os exageros na decoração só serão aceitos se a proposta de atendimento, alimentação e bebidas também estiver na mesma sintonia. Não vejo nenhum inconveniente em um bar ou restaurante ser decorado com tecido coloridos, bandeirolas e atendentes com roupas típicas, se a proposta for, exatamente, impressionar e provocar os clientes com a ideia do exagero e da festa que nunca acaba. O conceito de brega deve ser abolido do tom pejorativo, pois brega não

# Da gafe ao garfo

deve ser interpretado como mau gosto. O conceito e preconceito vêm da desinformação e não entendimento da proposta da decoração. Não podemos rotular o espaço de um bar, restaurante ou hotel, apenas porque a cor da parede não nos agrada ou porque as bandeirolas penduradas nos parecem exagero. Antes de qualquer avaliação, é preciso entender o contexto.

Mas, no geral, é sabido que menos é mais em termos de cuidado no momento de adornar um estabelecimento comercial. O gestor precisará ter o cuidado de entender as características do local, da região e costumes da clientela almejada. Pendurar um quadro pode parecer um ato banal, mas pendurar um quadro que reflita uma imagem ofensiva e grosseira poderá comprometer todo o projeto de negócio.

Há um provérbio alemão apropriado aos cuidados que menciono: "O diabo mora nos detalhes".

Cuidados com a iluminação do salão e da fachada são primordiais na somatória de fatores que contribuirão para o sucesso do negócio. O primeiro contato do cliente é com a fachada do estabelecimento. Não excluo nem os quiosques de praia, que comumente são apresentados de modo simples e quase todos seguem o mesmo padrão. Até não entendo a razão pela qual os proprietários desses quiosques deixam de investir no visual externo e em cuidados que, certamente, estabeleceriam um novo patamar nos negócios. Mas, para esse tipo de estabelecimento, separei um capítulo especial a seguir.

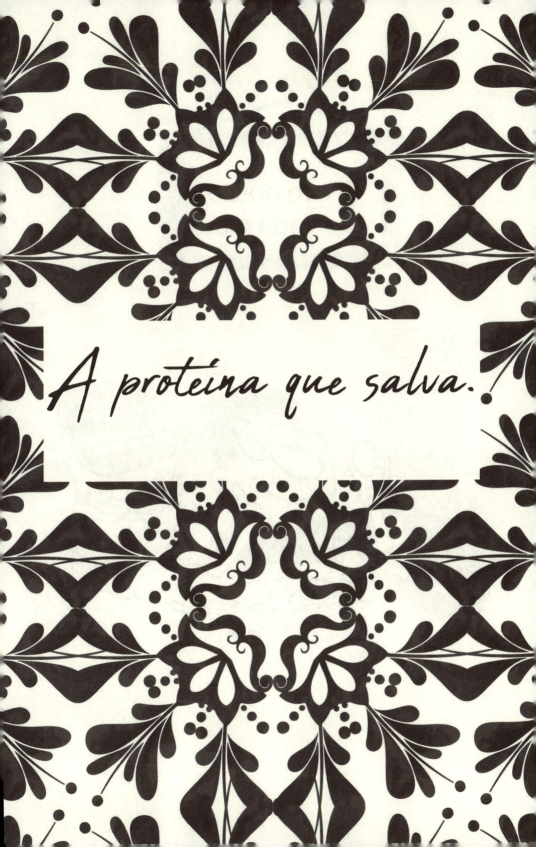

O ovo nosso de cada dia.

# CAPÍTULO 4

# Aprendendo a cozinhar

Voltando à Itirapina, aos 16 anos de idade, decidi seguir o meu caminho sozinho. Devido aos desencontros com minha mãe, fui tocar a vida em voo solo. Observe que com essa pouca idade já tive que decidir o meu rumo na vida. Claro que o medo imperava, mas a situação me impunha uma decisão. Portanto, partir foi o caminho a seguir.

O drama nunca fez parte do meu modo de ser e agir, mas aquela situação foi um tanto dramática. No entanto, para dar conta de tudo que viria a seguir, aprendi a improvisar como ninguém. E por falar em improviso, o principal deles foi cozinhar. Foram anos morando em pensões e repúblicas de estudantes. O dinheiro era mínimo e, não raras vezes, nem com o mínimo era possível contar.

Aqui no estado de São Paulo temos o costume de nos referir à parte principal de uma refeição como sendo a "mistura". Acredito que esse termo tenha por origem aquilo que o trabalhador iria comer em complemento ao consagrado arroz e feijão. Temos como exemplo de mistura o saboroso e salvador ovo de galinha, o frango cozido, peixe e a carne de boi ou porco.

Com a breve definição de "mistura" e por razões óbvias para minhas condições financeiras da época, o ovo de galinha virou o rei da cozinha. Era possível fazer verdadeiros milagres com um único ovo. Os ovos eram devorados nas suas mais variadas formas: cozidos, fritos, mexidos, remexidos, misturados ao arroz, com farinha de milho, com

# Da gafe ao garfo

cebolas e outros complementos. Enfim, não sei como não criei asas, tantos foram os ovos consumidos. Nos dias de hoje, sou a prova viva de que o ovo não é o responsável pelo colesterol alto. Ou seja, que busquem outros vilões, mas não o ovo de galinha.

Aprender a fazer arroz, feijão, massas, legumes, sopas e alguns doces foi meu primeiro passo na apreciação de bons pratos. Obviamente que com o passar dos anos foi possível sofisticar os ingredientes, daí a importância de mencionar meu primeiro contato com outras cozinhas: como a portuguesa que, assim como Portugal, ganharão especial referência neste livro.

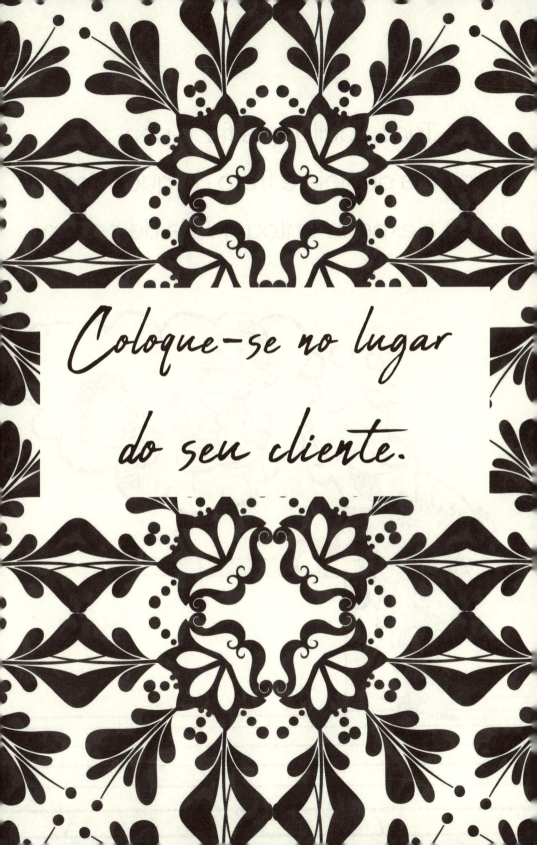

Tudo aquilo que faz e pensa
no dia de hoje é fruto do que você
viveu e experimentou no dia de ontem.

# CAPÍTULO 5

# Aprendendo com a vida

Tudo aquilo que faz e pensa no dia de hoje é fruto do que você viveu e experimentou no dia de ontem. Mas, quando você abre mão desse passado, cai em um verdadeiro abismo de insegurança e de falta de referências. E quando perdemos nossas referências, ficamos completamente desorientados.

Por isso, ao invés de hoje ter "asco" de ovo por já tê-lo comido tanto em minha vida, eu aprecio quem consegue usá-lo como carro-chefe em suas receitas! Sim, pois hoje eu só tenho segurança em falar sobre comida, bebida, sobre os cuidados com os clientes, porque eu tinha essa percepção lá atrás, mesmo sendo tão pobre! Ter coisas boas não significa ter coisas caras de valor comercial, mas, sim, coisas importantes em sua individualidade.

É por isso que eu falo do manjar da minha vó, do jeito que ela preparava aquele doce. Era uma coisa extremamente simples, com ingredientes triviais, mas que, para mim, era o melhor manjar do mundo! Imagine, então, nos dias de hoje, um estabelecimento que consegue passar para seus clientes a percepção de "casa de vó", seja no tempero caseiro, naquele cheirinho de pão saído do forno, daquela linguicinha frita com ovo ou em uma verdura muito bem cortadinha e cozida?

Qualidade não está apenas relacionada a dinheiro ou a coisas caras. Tudo isso que citei anteriormente tem custo acessível e era o que sustentava a maioria das pessoas em minha infância. Então, caprichar em pratos como esses, que têm referências, encanta qualquer cliente!

# Da gafe ao garfo

É claro que não estou aqui fazendo uma pregação Franciscana! Não é feio nem proibido querer coisas caras, sofisticadas. Pelo contrário, aproveite, pois é mérito seu poder pagar uma fortuna em restaurantes badalados!

O que estou querendo dizer é que, às vezes, o diferencial está nos detalhes mais simples!

Imagine um restaurante que consegue entregar para seus clientes uma comida com sabor de feita no fogão a lenha? Ao comer, a pessoa voltará ao seu passado e o sabor da comida – que já é bom – passará a ser divino. Há quem consiga nos fazer acreditar que aquela comida foi feita pela nossa mãe ou avó, com todo amor e cuidado do mundo!

Portanto, aqui vai um alerta para donos de restaurantes, bares, hotéis, quiosques ou qualquer estabelecimento comercial: é de extrema importância ganhar dinheiro com seu trabalho, com sua empresa, com seu empreendimento. Claro, você merece! Mas, tenha sempre em mente que seus ganhos financeiros devem se equiparar à satisfação das pessoas que frequentam seu estabelecimento.

Dinheiro é importante e necessário, mas o sorriso no rosto dos seus clientes também deve fazer parte dos seus lucros! Por isso, não sei se este livro irá apenas ajudá-lo a ganhar dinheiro. Acredito que ele também irá auxiliá-lo a ser mais feliz!

### Nota do autor

Quando cito o amor e cuidado da comida de mães e avós, longe de mim fazer qualquer crítica à mulher moderna! Sim, porque hoje a mulher sofre muito, pois, além do cuidado com a casa, com os filhos, ainda tem que se esforçar tanto quanto o marido para trazer dinheiro para casa. Muitas delas não têm a menor condição de cuidar dos seus ou de fazer um jantar para os filhos, pois chegam exaustas do trabalho. A vida nos obriga a viver o TER. E esse meu saudosismo vem de quando apenas bastava SER. Quando nossas mães e avós ficavam o dia todo em torno de um fogão a lenha, de uma máquina de costurar, pensando no que iam cozinhar para o marido e os filhos, no que iam criar para deixar o vestido da filha ainda mais bonito. Quando viviam apenas para dar amor. Um saudosismo da essência de um verdadeiro lar.

Não há melhor recompensa do que o sorriso de um cliente encantado.

Não há melhor recompensa do que o sorriso de um cliente satisfeito.

# CAPÍTULO 6

# É preciso gostar de pessoas

Pode parecer estranha a necessidade que tenho de argumentar de que é preciso gostar de pessoas. De modo apressado, alguns podem achar um exagero essa questão levantada, afinal, pode parecer óbvio que pessoas gostem de pessoas. Mas, não penso exatamente assim.

Vivemos em um tempo em que os seres humanos parecem não gostar tanto assim de seus semelhantes. O amar e o gostar passaram a ser dirigidos a animais, objetos e outros comportamentos. Amar e gostar de animais eu defendo sempre, afinal, o que nos difere são arranjos cromossômicos e características que, por vezes, até parecem nos fazer tão irracionais quanto supomos serem nossos bichinhos.

Defendo o respeito e o cuidado com os animais. Devemos preservá-los, protegê-los e cuidá-los sempre. No entanto, não devemos deixar de ter os mesmos cuidados e respeito junto aos nossos semelhantes. Nos dias de hoje, não são raros os exemplos de pessoas que dedicam paciência, amor e atenção aos animais, mas, ao mesmo tempo, se dizem sem tempo para as demais.

Sei que muitos podem dizer que os animais são leais e não nos decepcionam. Que os "bichos" são puros e não nos causam tristezas. Em partes, até concordo. Porém, não renuncio, de modo algum, às pessoas, pois sei que se eu deixar de respeitar e interagir com meus semelhantes, passarei a ser uma pessoa isolada do mundo, estando

# Da gafe ao garfo

relegado ao convívio somente com os animais. Porém, sendo essa opção um direito, é nosso dever respeitá-la.

Outra mudança de comportamento que se observa é a substituição do gostar de pessoas por gostar de objetos, mais especificamente das engenhocas eletrônicas que inundaram o nosso dia a dia. O vilão recorrente tem sido os telefones celulares. A febre para possuí-los tem sido descontrolada. Hoje, se mata para tê-los. A vida de uma pessoa passa a estar em risco pelo simples fato de portá-los. Não estou lançando aqui nenhuma campanha ou levantando bandeira para que as pessoas se libertem dos celulares, assim como as mulheres fizeram no passado o movimento retirando os sutiãs em sinal de libertação feminista. Estou, sim, ainda que de modo modesto, levantando a necessidade de reflexão para que a sociedade não transforme esse avanço tecnológico na maldição do século.

Mas, se de algum modo esse breve comentário o incomoda, sugiro não interromper a leitura e que passe a refletir sobre os argumentos que seguem.

- Você já observou que cada vez mais as pessoas trocam mensagens e não conversas?
- Você já observou que as pessoas não conversam com os olhos nos olhos, mas, sim, de cabeça baixa olhando para o telefone?
- Você já observou que seu dia foi prejudicado por comentários em redes sociais acessados pelo celular? Você já se sentiu injustiçado(a) por alguma inverdade publicada em meio às mensagens nos celulares?
- Você já se sentiu envolvido(a) em alguma confusão ou prejulgamento, devido à frieza das mensagens?
- Você já se sentiu desconfortável em uma mesa de restaurante em razão do seu companheiro(a) estar mais interessado no celular do que em você?
- Você já se sentiu nu(a) ao esquecer o celular em algum lugar?
- Você já se sentiu incomodado(a) por estar em um evento, *show*, cinema, teatro, igreja, congresso, curso, sala de aula e/ou hospital e a pessoa ao lado insistir em falar ou acessar o celular?

Caso você se identifique com alguns desses questionamentos, peço para refletir sobre o quanto esse "bendito", que veio para ajudar, passou a ser um "inferno" na vida de quem os usa e daqueles que estão ao seu lado.

A tecnologia não veio para afastar as pessoas. Muito pelo contrário, ela veio para nos aproximar. Porém, nós, seres humanos, passamos a nos afastar uns dos outros, justificando esse afastamento com alguns argumentos:

— Onde está? Você sumiu!
— Estou aqui.

— Filho, tudo bem?
— Tudo.

— Eu te amo!
— Também.

— Vamos sair?
— Cola aí (gíria).

— Deu certo o seu exame?
— Deu.

— E aí, gostou do *show*?
— Sim.

— Você é o amor da minha vida. Sem você, não sou ninguém. Agradeço a Deus por ter colocado você em minha vida. Sou maluco por você. Quero viver eternamente ao seu lado. Não consigo viver sem o seu amor. Eu te amo e sempre amarei!!!
— Idem.

Observe que as respostas estão cada vez mais curtas, abreviadas e vazias. E é assim que se inicia o processo de afastamento das pessoas.

Muitos podem argumentar que, nos dias de hoje, tudo é corrido e que as pessoas estão cada vez mais sem tempo. Quanto a isso, concordo e, às vezes, também me vejo engolido por essa falta de tempo. Mas, precisamos refletir sobre o tempo de nossa existência, a respeito dos conceitos que nos cercam e sobre os sentimentos que norteiam as nossas atitudes:

# Da gafe ao garfo

- Qual a minha raiz?
- Onde quero chegar?
- O que espero de meus semelhantes?
- O que faço em direção a meus semelhantes?
- O que entendo como felicidade?
- Qual a minha capacidade de perdoar?
- Qual a minha capacidade de resiliência?
- Qual a minha disposição para lutar?
- Qual a minha vontade de aprender?
- Qual a minha disposição em ensinar?

De modo algum estou pregando que deixemos de buscar o sucesso profissional e a satisfação material decorrente do nosso trabalho. Pelo contrário, defendo a tese de que o sucesso profissional e a prosperidade auferida em razão deste seja um projeto a estar inserido em nosso planejamento de vida.

Defendo, sim, o sucesso das pessoas e das empresas. Acredito, sim, na ousadia e coragem daqueles que decidiram investir e acreditar nos negócios e objetivos de vida. Mas, também defendo que todos nós devemos buscar a felicidade. O mundo voltado às satisfações materiais é violento, egoísta e perigoso. A busca tresloucada do "ter" anulou o mais importante, que é o "ser". O mundo passou a ser dividido em castas, na forma de prateleiras, onde todos nós somos depositados e cada um passa ter uma função e um valor aos olhos do poder.

Agora, pare e reflita:

- O que seria de nós se não pudéssemos contar com as pessoas que recolhem o lixo e varrem as ruas?
- O que seria de nós se não pudéssemos contar com as pessoas que limpam os banheiros de nossas casas, comércio e hospitais?
- O que seria de nós se não pudéssemos contar com aqueles que enterram os corpos?

Observe que bastam estas simples indagações para percebemos a importância das pessoas. No entanto, elas são invisíveis para a maioria da população. Muitos passam por elas e não dedicam um simples "bom dia".

E, por que isso acontece? Seria falta de educação?

# Edson Pudence

Não se trata de falta de educação, mas, sim, da falta de senso de humanidade. Trata-se da necessidade de deixarmos de pensar que, para ter valor, é preciso boa aparência conforme os padrões impostos pela sociedade. Padrões que dão imenso valor às roupas, joias e automóveis. Padrões que não levam em conta o ser humano como ele é, apenas como querem que ele seja.

Vivemos um conflito de sermos vítimas e, ao mesmo tempo, culpados por tudo o que ocorre na sociedade. Há países em que ainda se conserva o respeito e atenção pelo próximo. Mas, a falência moral e os desvios da condição humana não são encontrados somente em nosso país. Infelizmente, estão presentes também em outros povos que, em razão do avanço da tecnologia, são afetados por todo tipo de influência, positivas e negativas, sendo essa influência mais um desvio de finalidade positiva que teria a tecnologia.

Pois bem, você pode estar se perguntando qual a razão desta minha preocupação em levantar tal questionamento em relação ao comportamento das pessoas que estão sendo afetadas pelas "coisas", que não estão conseguindo dominá-las e estão sendo dominadas pelas máquinas e pelo modo distorcido de se enxergar a felicidade.

A minha preocupação, nesse caso, é com as pessoas que decidiram trabalhar em um segmento que envolve, diretamente, o convívio e o lidar diário com pessoas. Empreender ou trabalhar em bares, restaurantes e hotéis significa dormir e acordar no convívio de pessoas, sejam elas clientes ou colaboradores.

Penso que o sucesso desses empreendimentos está ligado à forma como cada um vê e enxerga o ser humano. Se o empreendedor não conseguir alcançar a importância que cada um tem enquanto ser humano, dificilmente conseguirá alcançar bons resultados, seja na condição de colaborador, seja na condição de cliente.

Acredito que muitos já devem ter ouvido algum comentário neste sentido:

— Nossa, entrei aqui... Não sei o que é, mas não gostei.
— Tem algo nesse bar que me incomoda.
— Está tudo muito bonito, mas tem algo estranho.
— O garçom não me fez nada, mas é meio esquisito...

As frases anteriores são mais comuns do que você possa supor e quase sempre não são de fácil explicação. Porém, há uma explicação que cada vez mais me convenço.

# Da gafe ao garfo

Nós, seres humanos, temos uma capacidade incontrolada de perceber o outro. O problema é que não sabemos o que fazer com isso. Dessa forma, simplesmente dizemos que não gostamos de alguém ou que determinado lugar não tem "bons fluidos".

Penso que há uma fórmula de se atenuar ou até mesmo impedir que isso aconteça. Espero que essa fórmula não seja guardada a sete chaves e que ela se espalhe por meio a todos aqueles que decidiram enxergar a vida de um modo diferente.

*Fórmula do bem querer:*
1. Uma porção generosa de sorriso;
2. Uma porção de sensualidade;
3. Uma porção de sinceridade (não pode deixar de ter);
4. Uma porção generosa de verdade;
5. Uma porção de lealdade;
6. Uma porção generosa de alegria;
7. Uma porção de profissionalismo;
8. Uma porção de fraternidade.

*Modo de preparo:*
Junte tudo dentro do seu coração. Misture e vá provando se falta algum ingrediente. Após a mistura, sirva uma porção generosa e observe se as pessoas a sua volta estão ou voltaram a sorrir. Se estiverem, basta repetir a receita e esperar o milagre... O milagre da decisão pelo bem querer!

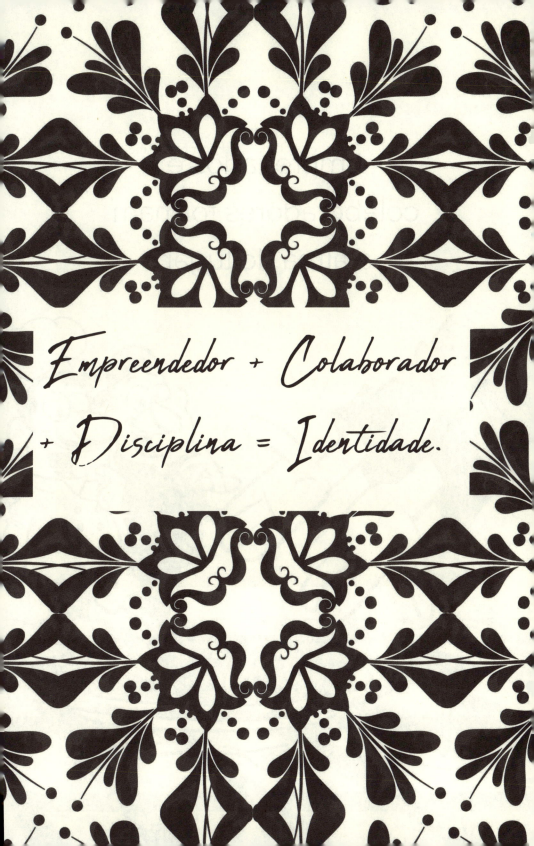

Empreendedor + Colaborador + Disciplina = Identidade.

Empregados e colaboradores formam a alma do lugar.

# CAPÍTULO 7

# O senhor Manuel

Portugal. Ano ano de 1986. Decidi morar na cidade de Lisboa. Chegando à capital portuguesa, instalei-me em um pequeno hotel que, na verdade, não passava de uma limpa, charmosa e barata pensão localizada próximo ao centro da cidade, a poucos metros de uma importante rua chamada "Ao Conde Redondo". Isso mesmo, Conde Redondo, pois lá em Portugal uma parcela importante das ruas é batizada com nomes ligados ao período da monarquia.

Vizinho ao hotel-pensão havia um pequeno bar que servia refeições somente no horário do almoço. Considerando que tinha eu chegado de viagem e estava morrendo de fome, resolvi ter minha primeira aventura gastronômica em terras lusitanas.

Cheguei ao bar cumprimentando o Sr. Manuel, que estava no balcão. Detalhe: eu imaginei que Manuel fosse seu nome, e acreditem, era Manuel mesmo! Pronto, já havia a primeira sintonia em terras portuguesas. O Sr. Manuel, de cara amarrada e uma caneta cravada no alto da orelha, logo me perguntou:

— O que o senhor vais comer?

Respondi:

— O que tens o senhor?

Eu, todo metido e orgulhoso por falar o mesmo idioma – ao menos naquele instante pensei ser o mesmo idioma – tive que ouvir a seguinte resposta:

— Oh, gajos, estas a brincar? Falas comigo de modo que não compreendo.

Meu Deus, fiquei apavorado! Não tive qualquer intenção de faltar

# Da gafe ao garfo

com o respeito com meu novo amigo Manuel. Digo amigo, pois este se tornou um bom amigo durante minha estada em Lisboa.

Pedi-lhe desculpas e refiz minha pergunta.

— Senhor Manuel, acabo de chegar do Brasil. Tenho fome. O que o senhor preparou para hoje?

— Brasil! – gritou, grudado em um pano de prato e a caneta sobre a orelha. – Tenho família no Brasil, moram em Santos. O senhor os conhece?

Eu disse que conhecia Santos, mas não a família dele.

Pronto! Bastou dizer que eu conhecia Santos e ele passou a dizer todos os nomes e graus de parentesco de seus familiares.

Acredito que essa conversa tenha consumido mais de uma hora e minha fome já estava passando da curiosidade pelo prato, para a necessidade premente de qualquer prato.

Com surpresa, ele se calou e logo gritou.

— Hoje temos peru estufado!

Pensei "O que seria isso?". Pedi para experimentar. E ele me disse:

— Aqui se saboreia. Não se experimenta! – e ria, percebendo meu embaraço.

Novamente, percebi uma gafe de minha parte. O orgulho dele sobre o tal peru estufado era tão grande, que pedir para experimentar teria o mesmo peso que duvidar da qualidade e sabor do prato.

Pedi desculpas pelo equívoco e criei coragem:

— Por favor, senhor Manuel, veja-me um peru estufado.

O sorriso apareceu em sua face e ele logo disse:

— Fais favor, só um minutinho. Sente-se. Vais beber algo?

Juro que nunca vi alguém mudar de humor tão rápido! Ou seja, com português não se brinca, eles estão lá para trabalhar e pronto.

Eis que chega o peru estufado. Prato farto. Louça simples com pequenos detalhes em azul, para não fugir à tradição lusitana. Trata-se de carne de peru cozida. Muito parecida com o franguinho cozido lentamente e feito pela avó. O acompanhamento eram batatas e mariscos. Uma mistura curiosa, porém, deliciosa.

Adorei o prato. A fome pode ter contribuído, mas de uma coisa eu me lembro: foi o melhor peru estufado que comi na vida! Até hoje sinto o aroma daquela iguaria.

Comi e lambi o beiço, como se diz na roça. Agradeci a sugestão. Tomei um copo de vinho e ganhei de presente um cálice de vinho do porto. Pronto, nascia uma amizade e um bem querer que foram muito importantes para mim durante minha temporada por terras portuguesas.

Limpeza, higiene, carinho e uma boa receita = cliente feliz.

# CAPÍTULO 8

## Servir bem para servir sempre

O Sr. Manuel ensinou-me muitas coisas no quesito atendimento ao cliente. A maioria delas sobre o que não fazer, confesso. Mas, mesmo assim, foram ensinamentos valiosíssimos.

Por isso, gostaria de deixar aqui minhas homenagens a essa classe trabalhadora que nem sempre recebe o respeito e a admiração que merecem. Conversando com o sócio de um pequeno bistrô sobre este livro, ele comentou a quantidade de pessoas que não respeita essa tão nobre profissão e atividade, que é a de servir. Muitos clientes ainda chamam a atenção de um atendente ou garçom com assobios ou formas de tratamento que em nada traduzem o respeito e a consideração que esses profissionais merecem. A todos eles dedico o meu respeito e admiração por seu trabalho.

Homenagens rendidas, gostaria de falar um pouco sobre a forma como esses profissionais devem apresentar-se no ambiente de trabalho, assim como os cuidados que o empreendedor precisa ter ao formar a sua equipe de atendentes.

Em primeiro lugar, não importa se estamos falando de bares, restaurantes ou de um simples quiosque de praia. O importante é garantir que os clientes sejam atendidos como se deve. Assim, o estabelecimento comercial terá garantida a satisfação por parte de seus usuários, e terá uma avaliação positiva no boca a boca – para mim, a melhor avaliação que existe.

# Da gafe ao garfo

Vamos começar por um ponto-chave: o atendente ou garçom precisa ser identificado por um uniforme. Há, no mercado, uma infinidade de opções de roupas e acessórios. Um dos uniformes mais utilizados e de custo acessível é o avental. Trata-se de um verdadeiro coringa em termos de uniforme. O mercado oferece inúmeros modelos e formatos que, sem dúvida, resolverão com baixo custo esse importante item de identificação e padronização da equipe responsável pelo atendimento.

Muitos estabelecimentos comerciais adotam uniformes com múltiplas peças, tais como calças ou saias, blusas, lenços, chapéus, bonés e outros acessórios. Seja qual for o modelo a ser adotado, o importante é que esse fardamento seja adequado ao ambiente, confortável aos atendentes e garçons e devem sempre estar limpos e bem cuidados. Não há nada mais incômodo do que uniformes sujos ou com aspecto de sujeira. Camisas com golas puídas e amareladas são encontradas com frequência, provocando uma ideia de atendente descuidado e estabelecimento desatento aos cuidados com seus empregados e com os seus clientes.

Um segundo item de extrema importância que deve despertar cuidado é o tipo de perfume e desodorante utilizados pelos funcionários. A fragrância de um perfume jamais poderá agredir o olfato dos clientes e permear o salão com odores que, certamente, irão interferir nos aromas dos alimentos e bebidas. Ao mesmo tempo, é certo que a não utilização de desodorantes poderá causar constrangimentos, visto que no decorrer do trabalho surge a transpiração, podendo causar o desconforto de odores desagradáveis sendo exalados pelo ambiente.

Outro quesito que necessita de atenção de empregados e gestores é a postura e apresentação pessoal de todos aqueles que trabalham no estabelecimento. Refiro-me aos cuidados com cabelos, barbas, dentes, unhas e tudo mais que possa comprometer a mensagem a ser transmitida no sentido de limpeza, higiene e asseio absoluto. A regra é valida para todos que trabalham no estabelecimento comercial voltado para o atendimento direto ao público: hotéis, bares, restaurantes e quiosques.

Sugiro aqui que o gestor faça um *checklist* para a verificação nos cuidados com uniformes e apresentação física dos atendentes e garçons. Não tenho dúvida de que os cuidados observados serão mais um item na obtenção do sucesso do local.

Agora, um cuidado que todos os estabelecimentos deveriam ter, mas que nem sempre vemos, é aquele com os atendentes em geral, sejam eles nos balcões dos bares, atendentes de lanchonetes, quiosques ou com os garçons dos restaurantes: postura pessoal e a forma de tratamento com os clientes. Todo atendente deve conter seus gestos, volume de voz e as chamadas "liberdades".

Entendo como inadmissível que um atendente dê uma tapa nas costas de um cliente e o chame de amigão. Nada contra a amizade e muito menos se trata de preconceito ou não admissão de uma amizade entre um atendente e um cliente. No entanto, dentro do estabelecimento comercial, a relação que deve prevalecer é a de cliente e atendente e ponto final. O local não comporta excessos e trocas de intimidades. Por outro lado, não há dúvida de que, nos casos em que o cliente e o atendente se conhecem na vida privada ou já se estabeleceu uma relação que se sobreponha às formalidades cliente e atendente, isso não deve ser levado ao pé da letra, mas que sejam moderadas as manifestações de carinho e atenção. Sem dúvida, clientes e atendentes criam laços fraternos e de respeito mútuo, e isso precisa ser valorizado, mas os excessos precisam e devem ser contidos, pois sempre haverá o risco do cliente não estar em um bom dia.

As saudações e a recepção de um cliente devem sempre obedecer às regras básicas da boa educação, tais como:

- "Bom dia!";
- "Boa tarde";
- "Boa noite!".

Em se tratando de um cliente frequente no estabelecimento, cabem saudações mais próximas:

- "Como vai?";
- "Feliz em revê-lo(a)";
- "Como vai a família?".

Na despedida, antes de apresentar a conta solicitada:

- "O senhor(a) foi ou foram bem atendidos?";
- "Gostaria de mais alguma coisa?";
- "O senhor(a) tem alguma observação?".
- "Obrigado e espero vê-los em breve!".

## Da gafe ao garfo

Para concluir, um atendente jamais deve perguntar pela ausência de alguém na mesa. O cuidado em ser gentil e atencioso pode se revelar uma tremenda gafe, pois a ausência pode se dar por inúmeras razões, sendo que o cliente pode ter algum desconforto em querer explicar a notada ausência.

Exemplo: um casal frequenta o estabelecimento com frequência. Em um determinado dia, um deles se apresenta sozinho(a) ou acompanhando(a) de outra pessoa. Sem dúvida, a pergunta se revelaria uma tremenda gafe.

Trate o cliente com verdade, sinceridade e doçura.

Mais vale o constrangimento da verdade, do que a vergonha da mentira.

# CAPÍTULO 9

# Perdoe-me, senhor, está em falta

Não há nada mais desagradável do que, após minutos debruçados sobre a carta de vinhos, onde muitas vezes se estabelece um *petit comité* para debater o que pedir, já levando em conta o prato a ser escolhido, ouvirmos do garçom:
— Perdoe-me, senhor(a), esse item está em falta.

Ora, se já era sabido que o vinho estava em falta, qual a razão para se deixar de colocar uma simples etiqueta (aviso) informando? Qual a razão para causar tamanha frustração ao cliente?

Já constatei esse tipo de ocorrência em restaurantes simples, sofisticados e hotéis. A observação se amolda a todo de tipo de produto que consta nos cardápios, de bebidas a pratos. Trata-se de uma falha primária que beira ao desleixo. Saber o que uma casa tem ou não para ser servido é o básico, portanto, não há muito para se observar nessas ocorrências, a não ser lamentar.

Outra observação que faço sobre os cardápios é quanto aos exageros em oferecer dezenas de pratos. Se por um lado um cardápio extenso pode denotar uma pluralidade de opções ao cliente, de outro pode promover uma grande confusão no momento de decidir. Seria como colocar uma criança em meio a uma loja de brinquedos, ela vai querer todos. Outro complicador é a logística da cozinha e a diversidade de ingredientes a serem administrados, que poderão estressar os trabalhos e os resultados pretendidos.

# Da gafe ao garfo

Cardápios enxutos, inteligentes, bem elaborados e que atendam as diversas expectativas dos clientes, contendo opções com carnes brancas, vermelhas, legumes, frutas, verduras e alimentos que possam ser consumidos até por aqueles clientes com restrições alimentares, certamente será um cardápio agradável aos olhos e facilitador para que o cliente defina a sua escolha.

Para concluir, recomenda-se que os cardápios estejam limpos e atualizados, pois, se o cliente toma o cardápio às mãos e percebe que o mesmo está sujo, rasgado e desatualizado, poderá levar a pensar que a cozinha segue o mesmo padrão.

> **Nota do autor**
>
> O cardápio não é a biblioteca do chefe de cozinha e muito menos o livro de receita da vovó, mas, sim, uma ferramenta, das mais importantes, que um cliente busca ao sentar-se à mesa. O cardápio é a lente por onde se enxerga o restaurante como um todo.

Tenha o céu como inspiração, mas os pés no chão como a razão.

Muitas estrelas que conseguimos enxergar no céu já morreram. Portanto, não se apoie somente no brilho que enxerga, mas na certeza de que aquilo, que as faz brilhar, ainda existe.

# CAPÍTULO 10

## Aconteceu comigo. E com você?

Como para a maioria dos mortais, os finais de semana são ótimos para frequentar e conhecer novos bares, restaurantes e hotéis, e comigo não foi diferente. Minha esposa e eu convidamos mais dois casais de amigos e nos lançamos em uma aventura gastronômica e etílica programada.

Residimos em uma pequena cidade que não oferece muitas opções de lazer. Por isso, nos dirigimos a uma cidade maior, sendo esta, uma referência em nossa região.

Como sempre faço, passei a liderar o grupo nessa incursão pelo mundo gastronômico e logo procurei reservar uma mesa em um restaurante tido como a referência do momento. Fiz todo um planejamento para o deslocamento e a hospedagem, certo de que, após algumas doses ou garrafas de vinho, não teríamos condições de dirigir – e nem poderíamos.

Tudo pronto: convidados, logística de transporte e reservas no hotel e no restaurante. As mulheres já trocavam mensagens combinando o desfile de suas melhores roupas. Respondi inúmeras perguntas sobre o ambiente do local, especialidade da casa e o clima naquela noite. Enfim, aquilo que para muitos pode parecer um simples jantar, para outros se trata de um evento, um verdadeiro acontecimento que pode marcar uma vida. Pode parecer exagero, mas não é. Não se trata de dinheiro ou poder aquisitivo, mas, sim, de modo de vida, onde uns estão acostumados a um simples jantar com amigos, e outros fazem disso uma noite memorável.

# Da gafe ao garfo

**É assim que penso que todos os proprietários e colaboradores deveriam preparar suas casas diariamente: como locais de eventos, onde cada dia seria um dia a ficar marcado, de modo especial, na vida das pessoas.**

Divididos em dois carros, partimos em direção à nossa aventura e logo chegamos ao hotel. A chegada à recepção foi positiva, o manobrista cordial, o auxiliar de bagagens prestativo e o atendimento no balcão logo foi iniciado. Estava indo tudo bem, até o momento em que o atendente não conseguia localizar a nossa reserva. Claro que temos que ter paciência, mas o tempo foi passando e o atendente começou a perguntar se eu tinha certeza de que a fizera. A pergunta não foi das mais delicadas, pois estava colocando em dúvida a minha palavra. Foi então que me lembrei do *voucher* digital. Abri a mensagem por meio do telefone e mostrei a ele, que tomou o aparelho de minha mão, ampliou a imagem e disse:

— Ah, o senhor fez ontem, por isso não a tenho aqui no sistema.

Ainda em tom calmo, olhei para ele e perguntei:

— Sim, mas a reserva foi acolhida. Haverá algum problema?

Imediatamente, e sem nenhuma preocupação em ser delicado, ouvimos:

— Preciso ver.

Foi o suficiente para que os ânimos começassem a se exaltar.

Então, já vermelho de raiva, disparei:

—Então o senhor veja em segundos, pois faz meia hora que estamos aqui.

E foi então que ele piorou as coisas de vez:

— O senhor precisa se acalmar.

Pronto! Ele conseguiu tirar de mim o último fio de calma que eu poderia ter naquele momento.

Então, já em tom mais rude, disse:

— Calma eu tenho! O que me falta é paciência com este tipo de atendimento.

Naquele momento, um senhor que se apresentou como gerente veio em minha direção e perguntou sobre o ocorrido. Relatei os 30 minutos de espera e a conversa não muito amigável que tivemos nesse tempo. Ele, então, abaixou a cabeça, balançou em tom de desaprovação e apertou uma única tecla no computador. E lá estava ela, a nossa reserva.

Conclusão: nossa aventura já experimentara o primeiro estresse devido ao fato de o atendente não saber qual tecla do computador apertar.

# Edson Pudence

Subimos para os quartos e, no mais, desde que não nos importássemos com toalhas amareladas e manchadas pelo tempo de uso, assim como com o controle remoto da televisão colado com fita adesiva, estava tudo bem. Afinal, iríamos dormir apenas uma noite e não poderíamos deixar que isso estragasse nosso jantar.

Ah, já ia me esquecendo, o hotel era cinco estrelas – ao menos havia uma placa na recepção indicando.

Nove da noite, horário nobre dos jantares. Nossas esposas estavam impecáveis. Nós, os maridos, até poderíamos estar mais bem arrumados, mas, nesse quesito, homens não são páreo para as mulheres. Solicitamos dois táxis e fomos ao restaurante. Chegamos às 21h15min. e fomos recebidos à porta por uma jovem e elegante mulher. Ela se apresentou vestida de modo apropriado, assim como sua maquiagem e cabelos. Com toda elegância, ela saudou primeiro as mulheres e depois os homens, nos desejou uma noite agradável e indicou nossos lugares, que já estavam circundados por dois garçons. A mesa era redonda e localizada em um lugar estratégico do salão. Os serviços sobre ela eram de primeira qualidade, nada de ostentação, mas, sim, de elegância e praticidade. A toalha era de linho, assim como os guardanapos. No centro, uma vela dentro de um pequeno vaso vermelho. Ao nos assentarmos, o garçom acendeu a vela e reforçou a saudação de boas-vindas. Em instantes, os cardápios foram distribuídos, sempre a começar pelas mulheres. Logo pedi a carta de vinhos, pois, daí, poderíamos pensar no cardápio.

O som ambiente era elegante e de muito bom gosto, assim como o aroma do lugar. Percebia-se um leve cheiro de capim limão, o suficiente para agradar e nada atrapalhar o olfato – tão necessário para apreciar as bebidas e os pratos que seriam servidos. Durante breves minutos, tratamos à mesa qual vinho pedir. Com exceção de uma das esposas, todos os demais bebiam bebidas alcoólicas, em especial vinhos. Não havia entre nós nenhum especialista na bebida, mas, apesar disso, tínhamos ao menos uma noção de alguns rótulos, visto que nosso grupo era frequente e fiel em restaurantes. Visitamos a carta do começo ao fim e decidimos:

— Garçom, por gentileza, gostaríamos de duas garrafas deste vinho aqui. – disse enquanto apontava a escolha no cardápio.

O garçom, de pronto, anotou e aproveitou para consultar sobre água ou outras bebidas. Pedi um suco para nossa amiga que não bebia bebida alcoólica e voltamos a conversar.

# Da gafe ao garfo

Imediatamente, o *couvert* foi servido, mas, logo, o garçom voltou e disse:

— Senhor, estamos em falta do vinho escolhido.

Aquilo me deixou muito contrariado e a reação dos demais na mesa não foi diferente. Meu amigo olhou para o garçom e perguntou:

— Senhor, mas se está em falta, qual a razão de estar no cardápio?

O rapaz, todo embaraçado, respondeu:

— Eu já disse ao gerente, mas ele mandou deixar assim mesmo.

Como a resposta foi pior ainda, decidimos salvar a noite e escolhemos outro vinho.

O pedido foi atendido prontamente e lá estavam duas garrafas de um legítimo português da região do D'Ouro, tinto, safra 2014, tudo como desejávamos para poder começar a noite. As mulheres, com certeza mais sábias do que nós, já tinham sublimado a gafe inicial, enquanto ainda estávamos debatendo o descuido do gerente que não atualizou a carta de vinhos.

Vieram os pratos. Divinos! Adoramos o pato e o bacalhau. E como o vinho tinto estava impecável, nem nos preocupamos em harmonizar o peixe com vinho branco. Mas, confesso que não foi necessário e logo chamamos o constrangido garçom para nos trazer mais duas garrafas.

Após alguns breves minutos, lá vem o garçom, parecendo procurar um buraco no chão para poder se enfiar, e disse:

— Senhor, não temos mais deste vinho. Servi as duas últimas garrafas para vocês.

Naquele instante, se eu visse um buraco, eu mesmo enterraria o gerente, já que era nítido que o garçom apenas cumpria ordens.

Novamente, a decepção e a quebra do encanto se fizeram presentes. Dessa vez, não aguentei e chamei o responsável pela casa:

— Senhor, é a segunda vez que temos problema com a sua carta de vinhos, o que está acontecendo?

O gerente, parecendo contrariado por estar sendo perguntado, apenas respondeu:

— Estamos com problemas com a importadora que nos abastece.

Assim, seco e econômico, quase dando a entender que nós éramos os chatos e que havia outros vinhos para escolher. Percebendo o pouco caso do gerente, perguntei:

— Mas, qual a dificuldade de se colocar uma etiqueta sobre o nome do vinho que está em falta e outra informando quando determinado vinho conta com apenas uma ou duas garrafas na adega?

# Edson Pudence

O gerente, completamente perdido em seu despreparo, disparou:
— Senhor, sigo as orientações do proprietário.

Quando ele disse que a culpa era do proprietário, logo percebi que seria um diálogo impossível, uma vez que ninguém estava disposto a assumir as falhas. Confesso que a raiva quase falou mais alto, mas eu estava acompanhado e não poderia estragar a noite dos demais.

Relevei aquele instante, procurando valorizar o fato de que os pratos servidos estavam muito bons e que bastaria não mais voltar àquele lugar.

Pedimos a sobremesa, na maioria frutas, pois as mulheres estão eternamente fazendo dieta. E olha que ali nenhuma delas precisava disso, ao contrário dos homens, quase sempre se orgulhando de seus abdomens redondos.

Sobremesas servidas, quase tudo encerrado, fiz a bobagem de pedir um cálice de vinho do Porto para mim e para mais três convidados da mesa. E adivinha o que o garçom me disse?
— Senhor, peço desculpas, mas também está em falta.

Resolvi encerrar a noite e nem pedi o tradicional café. Pedimos a conta, pagamos e partimos.

Não preciso dizer que o assunto dentro do táxi era um só: o descuido do restaurante. Todos lamentavam o fato de um lugar tão bonito e com comida excelente ser administrado por pessoas tão despreparadas. Naturalmente, esse comentário se espalhou entre muitos, consolidando a máxima de que é o cliente que faz o sucesso acontecer, e não apenas um lugar bonito ou atraente.

Relatei esse acontecimento aos meus filhos, Bruno e Pedro, e ambos concordaram que lugares que tratam seus clientes desta forma não terão um bom futuro. No entanto, ambos disseram que eu pareço carregar demais na tinta e que há, também, exemplos positivos de bares, restaurantes e hotéis que revelam grande preocupação com os cuidados e detalhes voltados à qualidade e atenção para com os clientes. Dou-lhes razão, há inúmeros excelentes estabelecimentos que merecem elogios e o justo reconhecimento. Portanto, fica o registro de que não se trata de generalização, mas, sim, de apontar as gafes que venho encontrando nesses anos ao frequentar esses tão importantes lugares.

Espero e desejo que, ao ler este breve relato, você possa observar que é exatamente em decorrência de descuidos como esses que um estabelecimento comercial, em especial, bares, hotéis e restaurantes,

## Da gafe ao garfo

por vezes, experimentam o sucesso, mas o sucesso relâmpago, não passando de um simples *flash*, nada além de um brilho do momento.

Lembre-se de que muitas das estrelas que conseguimos enxergar no céu já morreram. Portanto, não podemos nos apoiar somente no brilho que enxergamos, mas na certeza de que aquilo que a faz brilhar ainda existe.

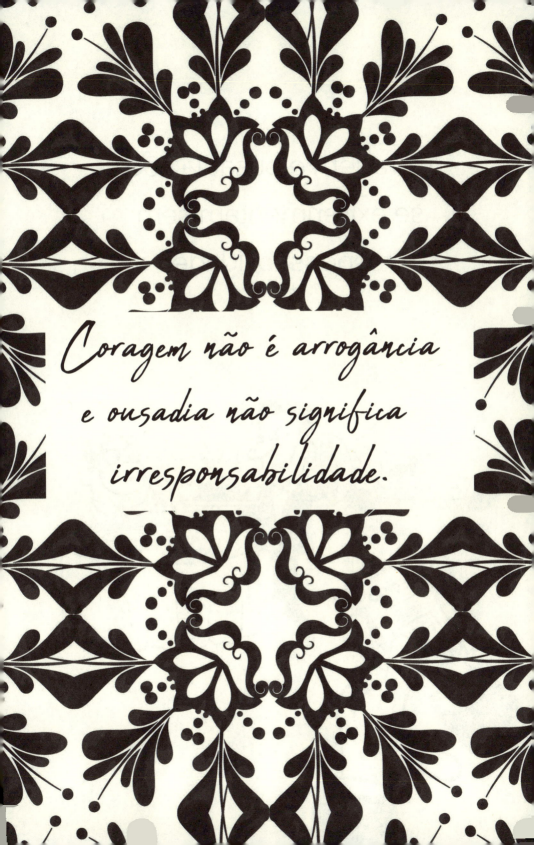

Coragem não é arrogância e ousadia não significa irresponsabilidade.

Coragem e ousadia não se experimentam sem responsabilidade.

# CAPÍTULO 11

## A tecnologia do servir

O emprego da tecnologia nos controles diversos de um restaurante, bar, hotel e/ou quiosque são bem-vindos e indispensáveis para um efetivo acompanhamento e gestão de estoque, pedidos, fluxo de caixa e controle de alimentos. Trata-se de um facilitador indispensável frente à pluralidade de produtos e opções de bebidas e alimentos. A gestão eficiente é a retaguarda para o sucesso do empreendimento.

No entanto, de nada valerá o investimento em tecnologia se as pessoas que irão manipular essas ferramentas não estiverem, verdadeiramente, envolvidas no projeto. Por mais que as empresas desenvolvam programas e sistemas de computadores, não podemos nos esquecer de que isso tudo será manipulado por pessoas. Daí surge o perigo.

Pode parecer exagero e até mesmo apocalíptico, mas não são raros os casos em que empresas investiram fortunas em tecnologia e foram à falência. O sucesso do empreendimento passa pela tecnologia, logicamente, mas está umbilicalmente ligado ao preparo e desejo dos colaboradores. Eles são seus primeiros clientes! Um gestor desestimulado e mal preparado não conseguirá bons resultados somente em razão dos equipamentos e programas de gestão mais sofisticados.

Em analogia, podemos pensar no caso de uma grande empresa que compra máquinas, tratores e equipamentos potentes e sofisticados, mas não treina os funcionários para operar tais equipamentos.

# Da gafe ao garfo

Aliás, treinamento é fator fundamental, com ou sem tecnologia. Não consigo imaginar um garçom que não tenha a mínima noção de como um prato ou coquetel são preparados. Ou um manobrista de restaurante que não saiba dirigir um veículo automático. Uma recepcionista que sorria com falhas nos dentes ou um gerente ou *maître* de restaurante que não se preocupe com o mapa das mesas. Enfim, escreveria um livro só para denotar a importância das pessoas em todo e qualquer processo empresarial.

Investir em pessoas, um caminho a ser seguido.

Investir em pessoas ainda é o melhor caminho de quem busca o sucesso.

# CAPÍTULO 12

# Quando a máquina erra

Cada vez mais somos cercados por máquinas e equipamentos criados para substituir a ação humana. Os argumentos são inúmeros e eu concordo com boa parte deles. Porém, não consigo aceitar que a ação humana em relação a outro humano possa ser substituída por uma máquina. Sei que serei bombardeado pelos entendidos em tecnologia e inteligência artificial, mas aqui vai o meu primeiro reparo: se é artificial, não concebo ser inteligência. Mas, essa discussão é para outro momento. Agora, quero falar sobre a tecnologia empregada nos hotéis. Sim, nos hotéis. Não se assuste, não estou pregando a volta à idade da pedra, muito menos pregarei o minimalismo como norte para aquilo que pretendo questionar. Refiro-me à distância cada vez maior entre os empregados de hotéis e seus hóspedes. No Japão, já existem hotéis onde o hospede é recebido por um robô. Sim, por um robô, mas que precisaram dar a ele uma aparência humana para suavizar o impacto da novidade.

Agora, imagine você, após horas em um avião, mais um tempo em um táxi. Então, chegando ao hotel e precisando ser recebido com um belo sorriso, depara-se com uma máquina solicitando seu cartão de crédito? Meu Deus, que solidão!

Então, é sobre esse impacto gelado que quero questionar o emprego da tecnologia. Não consigo aceitar – e sei que o tempo irá me engolir – que um hóspede tenha que se virar com uma máquina. Já sinto saudades do tempo onde a recepcionista do hotel me olhava, sorria e me dizia:

# Da gafe ao garfo

— Seja bem-vindo. É a primeira vez que se hospeda conosco?

Incrível como estas breves palavras já são suficientes para que possamos nos sentir gente. Pode parecer dramático, mas é isso mesmo. Os hotéis precisam voltar ao conceito de que não somos coisas e, sim, pessoas.

Como exemplo de algo que vem ocorrendo com frequência em alguns hotéis, cito um pequeno interruptor que se encontra ao lado da caixinha de energia em que colocamos o cartão que aciona a energia e luzes do quarto. Nesse local, há um interruptor que sinaliza na parte externa do quarto, se queremos ou não a arrumação do mesmo. Acredito que noventa e nove por cento dos hóspedes queiram que seus quartos sejam arrumados, e a maioria sequer percebe que há esse interruptor, pois ele se confunde com o de energia. Portanto, trata-se de uma tragédia anunciada. A camareira observa a sinalização vermelha e não arruma o quarto. Quando o hóspede retorna após um dia de trabalho ou cansaço do passeio, encontra tudo como deixou pela manhã. Isso é inaceitável!

Pergunto:

- É correto submeter o hóspede a tamanho desconforto?
- Seria essa a única forma de saber se o hóspede, realmente, não deseja a arrumação do quarto e a troca de toalhas?

Eis aí um exemplo de que o emprego da tecnologia sem o cuidado do contato humano pode provocar.

Outro exemplo que me ocorre é em relação ao serviço de despertar dos hotéis. É cada vez mais frequente os atendentes na recepção acolherem a solicitação do hóspede e, em seguida, programar no sistema. E, acredite, o sistema sempre falha.

Considerando que a maioria dos hóspedes possui telefone celular – via de regra – os próprios hóspedes programam o despertar, mas, também, solicitam junto à recepção para que os despertem em determinado horário, tendo em vista compromissos como reunião, passeios ou voos programados.

Pode parecer coisa boba, mas não é. Trata-se de uma demonstração clara de que pessoas devam ser tratadas por pessoas. As máquinas são importantíssimas, mas jamais irão substituir o homem. Se algum dia a máquina nos substituir, terá acabado o encanto de viver.

Mais uma vez, não faço qualquer apologia ou movimento contrário ao emprego da tecnologia. Pelo contrário, o mundo caminha nessa direção e nós seremos atingidos por tudo de bom ou ruim que ela possa nos oferecer. O que pretendo provocar é uma reflexão daqueles que estão envolvidos com hotelaria e em todas as atividades em que o contato com pessoas é inevitável, dada a natureza do empreendimento.

Quando um hotel deixa de acolher seu hóspede com a mesma doçura que uma mãe acolhe o filho, embora eu saiba que isso seja praticamente impossível, ele, certamente, caminhará no mesmo caminho de muitos: o caminho do "mais um".

Quem se atreve a dizer ser único, certamente, deverá saber que não poderá delegar às máquinas as tarefas e atitudes que são próprias do ser humano. Integrar e colocar a tecnologia a serviço do homem deve ser o caminho, mas acreditar que bastaria programar um equipamento e virar as costas aos clientes, certamente, é ir ao encontro do fracasso.

Investir em pessoas ainda é o melhor caminho para quem busca o sucesso. A máquina realiza tarefas, mas quem aperta o botão é o homem!

O milagre da decisão.

"Há duas formas para viver a sua vida: uma é acreditar que não existe milagre. A outra é acreditar que todas as coisas são milagres."

(Fernando Pessoa)

# CAPÍTULO 13

# Aconteceu em Fátima

Para poder custear minhas despesas em Portugal, trabalhei em bares e restaurantes na cidade de Lisboa. Isso permitiu, em minhas poucas folgas, viajar e conhecer esse país que, sem dúvida, é um dos mais belos do mundo.

Certo dia, acompanhando uma hóspede brasileira que estava, exatamente, no mesmo hotel-pensão em que eu me encontrava, prestei-lhe um serviço de guia turístico e fomos até a cidade de Fátima, reconhecido santuário da igreja católica. Tive a oportunidade de conhecer esse lugar tão especial, místico e intrigante, mas também foi possível conhecer outro prato da cozinha portuguesa: o bacalhau com natas.

Que prato divino! Bacalhau de qualidade fantástica, batatas, creme de leite e pó de "pilim pim pim". Tentei de tudo para saber o segredo, mas, isso português nenhum conta, nem para salvar a própria vida.

Ainda na cidade de Fátima, pude saborear doces fantásticos (todos com muitos ovos, é claro). Aliás, ovo e açúcar são consumidos aos montes. Aprendi que, no passado, a clara do ovo era utilizada na construção civil como aditivo e liga da massa que fixava as pedras nas paredes. Com isso, havia uma sobra absurda de gemas. Daí, tome fazer doces e mais doces, revolucionando a cozinha portuguesa.

Retornei ao Brasil, casei e tive filhos. Após dez anos da minha saída de Portugal, voltei à cidade de Fátima e lá conheci o restaurante Tia Alice, que fica na Rua do Adro, 152. Recomendo a todos

# Da gafe ao garfo

aqueles que apreciam a boa mesa. Local muito discreto, com pequena porta à frente da rua. Localiza-se no subsolo e a decoração é de muito bom gosto. Toaletes limpos e confortáveis. O atendimento é familiar e cordial. Boa carta de vinhos portugueses e cardápio reduzido às especialidades da casa. O bacalhau com natas me pareceu o astro da casa, mas há outros pratos que, seguramente, agradarão a todos os gostos.

A sobremesa também tem cardápio reduzido, mas tenho certeza de que ninguém sentirá falta de mais nada. O preço é absolutamente justo, e digo isso considerando o padrão de gastos do turista brasileiro. Aceitam cartões de crédito, mas exige-se a reserva de mesas, pois o local passou a ser uma referência gastronômica.

Em direção ao norte de Portugal, próximo à cidade do Porto, seguindo até São João de Rei, descobre-se o restaurante O Victor.

Trata-se de uma experiência gastronômica inesquecível, visto que nesse lugar você, certamente, poderá saborear o melhor bacalhau do mundo. O lugar é uma casa de pedra, que foi chamada de casa de pasto pelo grande escritor Jorge Amado quando lá esteve. O senhor Victor nos atende logo à porta. No lugar, trabalham seus familiares, que oferecem um atendimento absolutamente modesto e cordial. Tem-se a impressão de que se está visitando a casa de um familiar no interior do Brasil. O local é lindo e o restaurante é bem cuidado, com excelente espaço. Desde o início da refeição, come-se muito. A todo instante servem petiscos enquanto se espera o famoso bacalhau. Sugiro que peçam o vinho da casa. Trata-se de um verdadeiro suco de uva com álcool, que é servido em uma pequena tigela de legítima louça portuguesa. Asseguro ser um dos mais saborosos daqueles que apreciam qualidade e não quantidade – se bem que o tamanho do bacalhau é um verdadeiro desafio à gula. O preço é incrivelmente baixo. Não raras às vezes, o cliente pensa que o senhor Victor erra na conta, pois ao que parece ele cobra uma taxa de estacionamento e não o prato, tal sua felicidade com a nossa presença. Após a refeição, que é somente servida no almoço, o retorno à cidade do Porto é prazeroso e recheado de comentários, visto que não acredito ser possível esquecer a experiência mágica do lugar.

## CAPÍTULO 14

## Fama e reputação

Restaurantes como Tia Alice e O Victor conquistaram seu espaço em terras lusitanas. Seja pelo atendimento, acolhimento, pela comida ou pela soma de todos os fatores, conquistaram seu lugar ao sol e são procurados por pessoas do mundo todo.

Mas, o que, realmente, me intriga são os donos que se preocupam tanto com a fama e reputação dos seus estabelecimentos, mas não se dão conta de que isso é consequência. Reputação não se compra no supermercado. Ela é consequência de um trabalho bem feito e, muitas vezes, que leva bastante tempo para acontecer!

A fama instantânea de um estabelecimento não adianta nada. No começo, a casa enche, tem fila na porta, vira modinha. Com o passar do tempo, o dono começa a procurar explicações de por que o negócio dele declinou. Tudo o que é novidade chama atenção, mas é preciso algo que se sustente. Pensar em fama é preciso, claro, mas, pense primeiro em um negócio sólido, que se sustente pela qualidade, pela verdade, e não por um modismo.

Não entendo, por exemplo, alguns empresários que fazem altos investimentos para agradar um único segmento. Isso é muito arriscado, principalmente quando se fala de hospedagem e refeição! Por exemplo, se você abre um bar exclusivo para os jovens. Ora, o jovem é o ser que mais "pula de galho em galho", afinal, está na fase de experimentar. Ele ainda não tem seus conceitos arraigados, por isso,

# Da gafe ao garfo

dificilmente irá se fidelizar ao seu estabelecimento. Às vezes, nem existe erro e, sim, um mau planejamento.

Que tal, então, pensar em um bar que tenha espaço para atender esse público mais jovem, mas um espaço para atender também um público mais experiente? Seja na elaboração de outro cardápio de bebidas, em um espaço com um som mais ameno, enfim, um espaço que possa ser usado "por todas as tribos"?

É claro que seu estabelecimento tem que ter uma identidade, afinal, não dá para surfar em todas as ondas. Mas, focar em um determinado público pode ser equivalente a dar um tiro no próprio pé. Imagine segmentar seu estabelecimento em um único público, colocar todo seu investimento nisso e não dar certo? Você, provavelmente, não terá outra flecha para acertar o alvo. Por isso, tenha uma identidade, mas não se prenda a focar um único grupo de clientes. Isso pode ser a salvação do seu estabelecimento, quando o mesmo não for mais novidade.

O equilíbrio das finanças representa a segurança do empreendimento.

# Quem não é visto, não é lembrado.

# CAPÍTULO 15

# Marketing e propaganda

O empresário brasileiro é um ser curioso. Na primeira dificuldade financeira pela qual seu estabelecimento passa, o que ele faz? Deixa de investir em propaganda. Ora, quando ele mais precisa trazer clientes, fica em silêncio? Quem não é visto, não é lembrado!

Outro grande erro dos empresários no ramo de restaurantes e hotelaria é o excesso, o exagero em se promover e não oferecer o prometido. Seja nas propagandas de rádio, televisão ou revistas, é anunciado que o estabelecimento serve pratos ou tem acomodações excepcionais, que sua decoração é primorosa, atendimento diferenciado e um ambiente inesquecível. "É tudo que eu queria", pensa o cliente. Porém, ao chegar ao estabelecimento, a decepção começa logo na entrada. O cliente chega a pensar que foi para o lugar errado ao invés daquele que viu na propaganda.

Vamos imaginar, por exemplo, um restaurante que divulga que sua especialidade é uma casquinha de caranguejo. "A melhor do planeta", diz a propaganda. Uma família chega ao estabelecimento com seis, oito pessoas, e pede a tal casquinha, uma para cada um. Ao chegar à mesa, o prato é um fiasco: produto congelado, mal aquecido, com uma quantidade mínima e gosto de que está no *freezer* há tempos.

Isso é inadmissível! A propaganda enganosa é um dos maiores erros que o proprietário de um estabelecimento comercial pode cometer! Nunca engane seu cliente! Se você sabe que aquele prato

# Da gafe ao garfo

pedido não está em sua melhor condição, diga que acabou, que o fornecedor não entregou. Negue-se a servi-lo! Ou, na melhor das hipóteses, alerte o cliente de que, talvez, a qualidade daquele produto, no momento, não é a melhor que você pode oferecer e, por isso, prefere não fazê-lo.

Trate seu cliente como um rei ou uma rainha! Se ele sentir a importância que você dá a sua escolha de ter ido ao seu estabelecimento, irá voltar, mesmo que não consiga comer dessa vez o prato desejado.

Outro grande ponto aqui é o ar-condicionado. Na propaganda você diz que seu ambiente é agradável, com temperatura adequada e espaço confortável. Porém, por conta da energia estar cara, você simplesmente não liga o ar-condicionado para economizar, independentemente do calor que está lá fora. Então, o cliente chega e o ambiente está um forno. A família, que sentaria à mesa e consumiria uma grande quantidade de bebidas geladas para compensar o calorão lá de fora, toma um copo de água e vai embora. Claro! Ninguém aguenta ficar em um espaço quente. Isso irrita qualquer um. Portanto, será que essa economia não está lhe saindo cara?

Digamos, então, que você não tenha um ar-condicionado, que você seja dono de um pequeno restaurante, com meia dúzia de mesas, ou dos aconchegantes botecos. Então, nada melhor do que encontrar alternativas criativas! Instale ventiladores, abra janelas. Se possível, invista um pouco mais e abra uma parede para que a ventilação seja melhor! Assim, mesmo com simplicidade, você garante a satisfação e conforto do seu cliente.

Lembre-se sempre de que a maior propaganda de um estabelecimento é o boca a boca. Portanto, não dê tanta importância ao visual plástico do espaço. Invista cada centavo pensando no conforto e comodidade de cada frequentador. Todos os clientes, de hotéis cinco estrelas a botequins de esquina e quiosques de praia, merecem ser bem atendidos e sair satisfeitos com o local que escolheram para aproveitar seus momentos. Esta é sua garantia de sucesso!

Um país em uma caixinha de joias.

# Piscina:
# um espetáculo à parte

# CAPÍTULO 16

# O prazeroso e suculento norte de Portugal

A experiência de vida mais prazerosa que tive com hotéis foi minha hospedagem no The Yeatman Hotel, localizada em Vila Nova de Gaia, às margens do rio Douro. O hotel é temático, voltado ao vinho do Porto, já que Vila Nova de Gaia é a casa dos vinhos do Porto.

O hotel foi construído nas encostas do Douro e, por isso, tem os seus andares invertidos, ou seja, chega-se na recepção – no chamado piso térreo – e os demais andares são para baixo. Os apartamentos são enormes e confortáveis. O SPA é totalmente temático e recheado de cosméticos à base de uva e vinho. A piscina é um espetáculo à parte, pois é possível ficar por horas dentro da água e desfrutar de visão panorâmica do rio e da cidade do Porto. Não exagero em afirmar que o cenário promovido pela piscina já justifica o valor da diária.

A adega do hotel é fantástica, principalmente, pelos deliciosos e raros vinhos do Porto. Trata-se de uma experiência sem comparação. O cuidado dos garçons e a dedicação ao hóspede são merecedores de elogios e vontade imensa de voltar.

O serviço de *concierge* é eficiente e atende, plenamente, às demandas dos hóspedes. É possível contratar um excelente serviço de veículo com motorista e fazer os passeios na região, por preços, absolutamente, acessíveis. Ir até Fátima de carro com motorista é uma opção recomendável e eficiente.

# Da gafe ao garfo

Outra atração do hotel – e reputo ser a que mais me surpreendeu – foi a gastronomia. Seu restaurante conta com o renomado *chef* Ricardo Costa, detentor de Estrela Michelin, que oferece aos seus hóspedes uma verdadeira viagem pelo mundo da gastronomia. Nunca pensei que eu pudesse ficar por horas seguidas em uma mesa e, ao sair, ter vontade de voltar imediatamente. O menu degustação é uma sugestão que faço sem medo de errar. Os pratos e a harmonização com os vinhos são perfeitos. Tenho certeza de que você ficará com a impressão de que fui até econômico nos elogios.

Após a exploração do hotel, incluindo seu fantástico SPA, sugiro visitar as vinícolas de vinho do Porto que circundam o hotel. É possível fazer passeios a pé e visitas guiadas, tudo por um custo acessível e recompensador.

Ainda para quem se hospeda na região, sugiro uma consulta sobre qual restaurante prepara uma lampreia. Lampreia é um peixe que parece uma cobra e é abundante na foz do rio Douro. O bicho é feio, muito feio, mas, também, é saboroso, muito saboroso. A carne tem uma definição complexa. Trata-se da união da carne de frango, porco, jacaré e peixe. Não tem cheiro de peixe, mas não cheira a frango. Costumo relatar aos amigos que é uma mistura de não sei o quê com coisa alguma, mas é bom e exótico.

Próximo à cidade de Vila Nova de Gaia e da cidade do Porto encontramos a cidade de Matosinhos, às margens do Oceano Atlântico. Em Matosinhos conheci o restaurante O Lusitano, um verdadeiro especialista em lampreias e outros tantos peixes e frutos do mar. O local é confortável, agradável, com serviços compatíveis com a qualidade e fama do lugar. Os preços são de acordo com o bolso de um turista bem preparado para pequenas extravagâncias e prazeres da vida.

Em Matosinhos você, certamente, encontrará outros excelentes restaurantes, dos quais destaco o 5 Oceanos que, sem dúvida, será outra experiência gastronômica inesquecível.

Retornando à cidade do Porto, não deixe de comer um sanduíche de nome francesinha, que é feito à base de pão de forma, carne, salsicha, linguiça, presunto, ovo, com cobertura de queijo derretido e inundado de molho com tomate. Acredito que nosso famoso "X-TUDO" tenha essa origem, apesar de aqui no Brasil não utilizarmos o pão de forma e nem o recobrimos de molho.

Se a sua disposição para aventuras gastronômicas permitir, experimente o sanduíche de tripas, ou seja, pão com dobradinha.

# Edson Pudence

É simplesmente delicioso. Tenho certeza de que um suculento sanduíche de tripas e um bom copo de vinho serão suficientes para uma refeição completa.

Não me atreveria a escolher um local específico na cidade do Porto para você se deliciar com uma francesinha ou sanduíche de tripas, visto que, percorrendo as ruas do centro histórico da cidade, logo será possível sentir os aromas e identificar os bares e restaurantes que preparam esses pratos. Escolha um e entre nessa aventura!

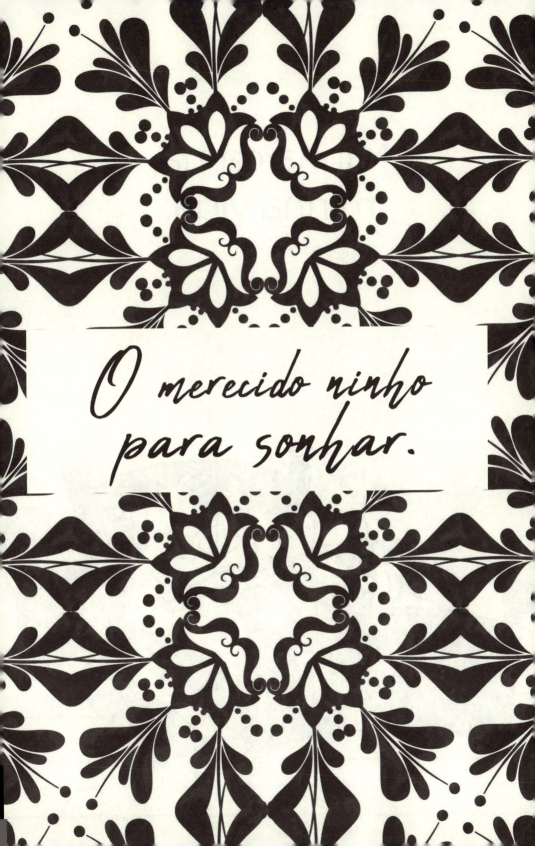
O merecido ninho para sonhar.

# Minha cama, minha vida.

# CAPÍTULO 17

# A experiência do bem dormir

Infelizmente, e por motivos óbvios, não conheço todos os hotéis do mundo. Mas, conheço muitos, centenas deles, por isso me sinto apto a fazer algumas observações.

Por exemplo, você quer saber o que acontece no hotel que está pensando em se hospedar? Vá até a *Internet* e procure as opiniões de quem já se hospedou. É incrível a quantidade de elogios e críticas que as pessoas compartilham. Mais incrível ainda é que um mesmo quesito que é elogiado por um hóspede é criticado por outro!

Claro, cada pessoa é diferente, tem percepções, anseios e exigências diferentes, mas atesto que todos os hotéis deveriam prestar atenção a todas as opiniões. Só que, ao que parece, eles prestam atenção apenas aos elogios. Claro! É ótimo ser elogiado, ao passo que nos aborrecemos quando recebemos críticas. Mas, o que os gestores dos hotéis não veem é quanto eles perdem e pecam não ouvindo essas críticas, afinal, são elas que nos fazem crescer.

Uma coisa que tem me incomodado muito em hotéis e piorado ao longo do tempo é o horário de *check-in*. Oras, em alguns hotéis o *check-in* é às 16h! Isso é inadmissível! Imagine você chegando de viagem em uma cidade, logo pela manhã, precisando deixar malas, trocar de roupa, enfim, e é avisado que seu *check-in* será apenas no meio da tarde? Isso é um desrespeito com o hóspede, pois o hotel está repassando para ele seus próprios problemas. E nesses hotéis, certamente, o *check-out* continua sendo ao meio dia. Ou seja, só nessa brincadeira o hotel já tirou de você três, quatro horas de hospedagem.

# Da gafe ao garfo

Outro quesito em que os hotéis têm estado cada vez mais displicentes é em suas toalhas. É impressionante como tenho visto toalhas de hotel manchadas, gastas, com um aspecto sujo, horrível, muito embora pareçam limpas. E não estou falando de qualquer hospedagem, pois já vi isso acontecer em hotel cinco, seis estrelas!

Gestores, isso é muito grave! Como pode um hotel preocupar-se com sua imagem da porta para fora, mas oferecer esse tipo de serviço aos seus hóspedes? A economia está voltando a acelerar, os hotéis estão voltando a ficar cada vez mais cheios. Depois, não reclame se os hóspedes não aparecem mais.

E quem nunca se espantou com os preços cobrados no frigobar de um hotel? Como pode uma garrafa pequena de água mineral chegar a custar R$15, sendo que seu custo ao hotel não passa de R$1? É um exagero! Mesmo que se tenha embutido todos os custos para a água estar lá, gelada, à disposição do hóspede, na maioria das vezes, esse valor não se justifica! Isso porque, nem vou falar sobre o chocolatinho, as castanhas e por aí vai.

Agora, pasmem. Recentemente, um canal brasileiro de televisão fez uma reportagem sobre as roupas de cama dos hotéis. Acredite se quiser: em muitos deles, a roupa de cama simplesmente não era trocada no *check-out* do hóspede! Imagine você se hospedando em um hotel e deitando na fronha de um travesseiro que outra pessoa deitou? O que é isso? Esse custo de limpeza, roupa de cama, de banho, TV, ar-condicionado, tudo é incluso no valor da diária. Não é favor, você paga por isso! E o hotel não faz a parte dele? Dizer que isso é um absurdo é pouco.

Friso, agora, uma observação que, longe de mim saber tudo, mas pode mudar o rumo do ramo hoteleiro. Uma coisa que me causa muita estranheza é o fato da maioria dos hotéis simplesmente ignorar o espaço de seus restaurantes. A maioria deles utiliza esse espaço apenas como ponto de apoio para servir o café da manhã e só! Aquele espaço fica vazio o restante do dia. Por que não aproveitar toda a estrutura, que já está pronta, e servir almoços, jantares não só para os hóspedes, mas para o público em geral? Por que não contratar um *chef* de renome e transformar toda aquela estrutura em mais um diferencial do seu hotel?

Tenho visto muito esse tipo de aproveitamento de espaço na Europa e nos EUA, afinal, entendo ser uma saída econômica para se implantar, e altamente lucrativa. Isso aqui no Brasil seria unir o útil ao agradável, pois, normalmente, um hotel é tido como um ambiente seguro. E nada melhor do que levar sua família em um ambiente seguro, agradável e bonito para almoçar ou jantar. O hotel, além de faturar com a hospedagem, ainda o faz com o restaurante. Não precisa ser um gênio para ver que essa saída é excepcional!

Você pode estar achando que, até agora, só me referi a hotéis cinco estrelas. Não! Tudo isso que eu falei pode e deve ser implantado em hospedarias, *hostels*, um hotelzinho simples do interior, uma pousada de praia, enfim, todos esses estabelecimentos podem agregar serviços. Não para se tornar uma máquina de dinheiro apenas, mas para oferecer conforto e opções para seus clientes.

Sabe quando você se hospeda naquela pousada na beira da praia no Nordeste, mas precisou ir para outra praia para comer? Tudo bem, se o intuito é passear, ótimo! Mas, tem aquele dia em que um hóspede está cansado, outro não está bem para sair, ou um casal em lua de mel que quer aproveitar seus momentos, uma família que quer passar o dia na piscina... Mas eles não podem fazer isso, afinal, se ficarem no hotel irão passar fome, porque o restaurante simplesmente fecha depois do café da manhã e deixa o hóspede à míngua.

Não estou dizendo para esses lugares servirem lagosta em seus restaurantes todos os dias na hora do almoço. Sirva arroz, feijão e ovo frito, mas sirva com cuidado, com amor, pensando na satisfação e comodidade do seu cliente. Pode ter certeza de que, ao sair do seu estabelecimento, ele só terá coisas boas para falar de você.

# Um encanto em cada canto.

# CAPÍTULO 18

# Encerrando Portugal

Portugal é um país lindo e acolhedor, é nossa pátria mãe. Um livro seria pouco para descrever e ressaltar tudo de bom que essa terra tem.

Mas, não posso encerrar minha pequena homenagem a esse país sem ressaltar a qualidade e sabor incomparável dos queijos produzidos na famosa Serra da Estrela, localizada na divisa com a Espanha, sendo o ponto mais alto de Portugal. O inverno é rigoroso e a neve reforça as características e beleza do lugar. As casas e demais construções utilizam pedras, dando uma característica que nos remete ao período medieval e aos tempos do reino único de Portugal e Espanha.

Esse mágico lugar dá nome ao seu mais famoso produto, o queijo da Serra da Estrela. Um queijo refinado e com sabor inigualável, feito com leite de ovelha. Sua criação remonta ao século XII, tornando-se um dos mais nobres e antigos queijos portugueses.

Enfim, o propósito não é fazer um relato completo e fiel da cozinha portuguesa. Até porque seria necessário escrever uma enciclopédia para poder abrigar em suas páginas a infinidade de bebidas e comidas características dessa terra. Mas, escrever um pouco sobre Portugal foi um desejo de retratar a grande alegria que foi conhecer esses lugares e experimentar os pratos que formam a cultura da nossa gente.

# CAPÍTULO 18

## Encerrando Portugal

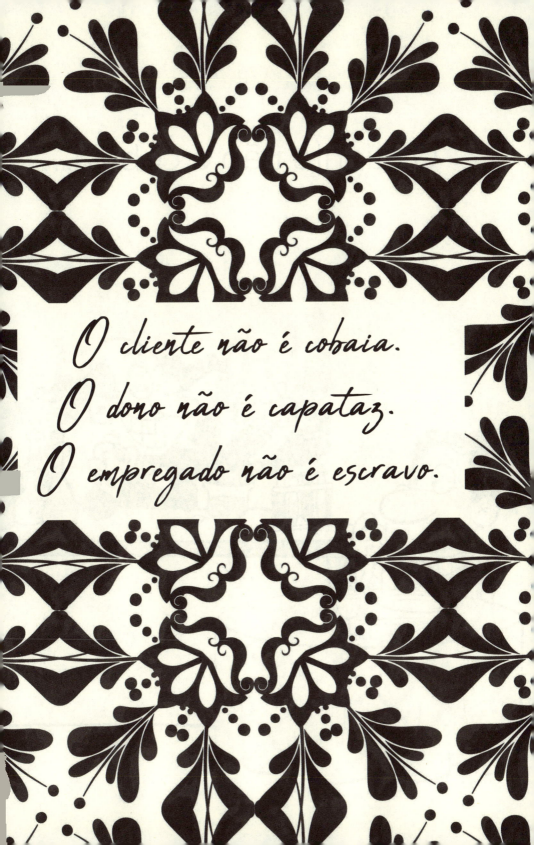

O cliente não é cobaia.
O dono não é capataz.
O empregado não é escravo.

# O cliente não é cobaia...

# CAPÍTULO 19

# A alma do negócio

Acredito que Portugal me encanta tanto porque cada lugar que passei por lá tem alma.
Sim! Muitos de vocês já ouviram ou leram que o *marketing* é a alma do negócio. Também já ouvimos dizer que o olhar atento do dono seria a alma do negócio. Outros acreditam que o ambiente, o atendimento e a boa comida representam a alma do negócio. Enfim, se procurarmos, encontraremos incontáveis definições para a "alma do negócio".

Para mim, a alma do negócio está na compreensão daquilo que o seu cliente espera de você. Caso o empreendedor queira fazer do seu negócio um lugar para colocar em prova todos os seus desejos, delírios e devaneios, sem problema algum, desde que o cliente esteja devidamente informado de que será sua cobaia. Mas, um estabelecimento comercial que lida com alimentos, bebidas e acomodação, sem dúvida, não é lugar para laboratório.

De modo algum sou contrário à ousadia e experimentos. Afinal, foram as ousadias e os gestos de coragem que promoveram as maiores criações e reinvenções do mundo. No entanto, o cliente não deve ser uma bancada de testes e provas, salvo se forem convidados e quiserem experimentar as "novidades".

A alma do negócio é composta pelo conjunto de práticas, iniciativas, conhecimento e respeito do cliente alvo. Ao compreender

# Da gafe ao garfo

e devolver um conjunto de sensações que possam realizar as fantasias e objetivos de ambos – empreendedor / cliente – seguramente podemos dizer que o negócio já tem uma alma: a alma do sucesso.

Após o erro, um abraço.
Após o abraço, uma lição.

"- Menino, dê-me um copo."

# CAPÍTULO 20

## Só um dedo no copo

Quando menino, aos dez anos de idade, consegui um trabalho como lavador de copos em um bar-restaurante que ficava na esquina da casa em que eu morava. Era um bar encravado em um pequeno hotel e que nele tinha instalado um pequeno restaurante. A cidade tinha três mil habitantes e praticamente esse era o único lugar para dormir e se alimentar. As ruas eram de terra e havia apenas uma com calçamento de paralelepípedo, exatamente onde se localizava o bar-restaurante-hotel.

Meu trabalho era lavar os copos usados pelos fregueses do bar. Era um entra e sai danado, pois o estabelecimento ficava no caminho daqueles que se dirigiam para a estação ferroviária. A freguesia era composta basicamente por homens, já que mulheres não eram bem vistas frequentando bares estando desacompanhadas.

No início da década dos anos 70, o Brasil coexistia em pleno período da ditadura militar. Os passos eram vigiados, e quando não eram, tínhamos a sensação de estarmos o tempo todo sendo monitorados. A polícia militar era composta por uma forte tropa com quatro homens, sendo um sargento, um cabo e dois soldados rasos. A frota também era poderosa, pois nossa cidade contava com um novíssimo e potente Volkswagen – Fusca. Tratava-se de uma maravilha da tecnologia automotiva, pintado nas cores branca e preta e

## Da gafe ao garfo

sobre o teto uma potente sirene, que vez ou outra nos assombrava, pois se ouvia de longe o seu grito.

A cidade vivia quase que, exclusivamente, da atividade rural e do movimento dos passageiros que utilizavam a ferrovia, já que a cidade era um importante entroncamento das linhas férreas. Dessa pequena cidade os trens partiam para duas regiões do estado, nos transformando em um lugar importante no mapa.

Voltando ao bar-restaurante-hotel, lembro-me de que a trilha sonora que tocava em volume alto e fora dos padrões para a época eram as músicas do cantor e compositor Martinho da Vila. Era uma verdadeira overdose de Martinho.

A esposa do proprietário – uma linda mulher, registre-se – era apaixonada pela voz desse nosso sambista de primeira qualidade. Seu nome era Doroti. Uma mulher educada, elegante e que se fazia respeitar atrás daquele balcão. Seu marido era um ex-baterista de uma banda de *rock*, que chegou a fazer sucesso no país. Depois, por razões que desconheço, ele saiu da banda e voltou para a pequena cidade, passando a administrar o negócio iniciado por seus pais.

Pois bem, em um desses dias, assim que assumi meu turno de trabalho após as aulas do curso primário, enquanto lavava os copos, um cliente, que estava à mesa do restaurante, pediu:

— Menino, dê-me um copo.

— Sim, senhor! – respondi prontamente.

Nesse momento, aconteceu a cena que marcara minha vida para sempre. Não é exagero, pois agora, após 45 anos, a reproduzo exatamente como ocorrido.

Sentindo-me importante por poder trabalhar atrás do balcão – afinal, em minha curta existência eu só conhecia o bar na visão de um freguês – enxuguei as mãos, peguei o copo e levei à mesa. Tudo parecia perfeito, eu até estufara o peito ao me dirigir ao cliente.

— Pronto, senhor, aqui o seu copo.

Na mesma hora, o freguês me olhou e disparou.

— Menino, tire o dedo de dentro do copo! – advertiu-me com um olhar de fúria jamais visto.

No mesmo instante, abaixei os olhos em direção ao copo e logo percebi a bobagem que fiz. Meus dedos seguravam o copo como se fossem pinças, ou seja, o dedo indicador estava enterrado no interior do copo, enquanto o outro o aparava no ponto externo. Resumindo: enfiei os dedos dentro do copo do cliente. Não precisa dizer

# Edson Pudence

o tamanho da bronca que levei. Naquele instante, vi meu sonho de trabalhar atrás do balcão ir por água abaixo. No entanto, a patroa, aquela mulher exuberante que já descrevi, veio ao meu socorro. Desculpou-se com o freguês e me puxou pelo braço até os fundos do restaurante e me disse:

— Edinho, não é assim que se faz. Você não pode colocar os dedos dentro do copo das pessoas. – Disse-me em tom de voz maternal.

Eu, assustado e morrendo de medo de ser demitido, olhei para ela e disse:

— Mas, só foi um dedo!

Pronto! Ela olhou pra mim e começou a gargalhar. Deu-me um beijo na testa e disse:

— Menino, volte a lavar os copos e tome cuidado para não quebrá-los.

Ufa, pensei e suspirei! Por enquanto, meu emprego estava garantido, afinal, eu a fiz sorrir e isso representava que a bronca já tinha passado.

Essa lição ficou para minha vida e até hoje sinto saudades daquela voz mansa, maternal e carinhosa. E juro que nunca mais enfiei os dedos nos copos – de ninguém!

Há sempre o que aprender,
Há sempre o que ensinar.

# CAPÍTULO 21

# A importância da capacitação

Treinamento não é moda ou onda a ser seguida, mas um caminho na busca do conhecimento técnico e estratégico do negócio. Bem como o *coaching*, que busca o conhecimento sobre o verdadeiro ser que cada um carrega dentro de si.

Passar por um processo de treinamento (profissional ou pessoal) parece ser o paraíso que todos procuram. Não me espanta, afinal, todos sonham em potencializar e descobrir suas próprias habilidades, transformando-as em resultados positivos para o seu bem e para o desenvolvimento de seus negócios.

Tem sido assim desde que os fenícios inventaram o dinheiro. A competitividade e inversão dos valores humanos transformaram as pessoas em "animais ferozes" em busca de suas presas. Mas, história à parte, gostaria de acrescentar minhas considerações.

Em primeiro lugar, eu não gosto de modismos, ondas e rótulos. Penso que seria muito arriscado simplificar as coisas, entendendo que bastaria contratar um treinador/consultor/*coach* e tudo estaria resolvido. Não vai aqui qualquer dúvida quanto à importância e a eficácia que possamos alcançar com o auxílio desses profissionais, muito pelo contrário. No entanto, eu gostaria de levantar umas reflexões que penso ser fundamentais – principalmente antes de abrir o seu próprio negócio.

# Da gafe ao garfo

- O que você espera da vida?
- O que você quer da vida?
- Quem é você?
- Até onde vai a sua determinação?
- Qual a sua verdade?
- Qual a sua capacidade de resiliência?
- Qual a sua ambição?
- Quanto está disposto a pagar para atingir os seus objetivos?
- Qual a sua capacidade de perdoar?
- Qual a sua disposição para amar?

Se você exercitar as respostas para esses questionamentos, não tenho dúvida de que estará no caminho certo do sucesso.

Quando digo sucesso, tenho certeza de que a primeira impressão que passo é que estou falando de dinheiro. Não tenha dúvida de que o sucesso material – dinheiro – também pode ser considerado um parâmetro, mas não o único e absoluto. O sucesso, em primeiro lugar, deve ser a soma de uma equação que entendo que deva reunir vários elementos e não somente um.

Não há plena felicidade, mas, sim, felicidade dentro de nossa plenitude. Veja alguns exemplos:

**Equação do pleno sucesso financeiro:**

Dinheiro + trabalho + estresse + ausência da família = infarto

**Equação do médio sucesso financeiro:**

Dinheiro + trabalho + estresse + presença da família = angina

**Equação do relativo sucesso financeiro:**

Dinheiro + trabalho + presença da família + fé = felicidade

**Equação da plena felicidade**

Trabalho + fé + família + determinação + humildade = vida feliz

# Edson Pudence

Quando um empreendedor resolve se envolver em uma atividade comercial, tendo por objetivo que ela passe a ser a sua fonte de renda ou apenas um complemento em seus rendimentos financeiros, é preciso que haja uma reflexão. Empreender não deve se resumir a um ato de coragem, mas, sim, um ato de razão. Não basta a bravura e a determinação para se enfrentar os desafios do mundo dos negócios. É preciso que haja conhecimento pleno daquilo que se pretende empreender e das reais capacidades de cada um que se intitula empreendedor.

Não são raros os casos de pessoas corajosas, determinadas e valentes, que sucumbiram diante do desafio do desconhecimento. São inúmeros os estudos acadêmicos demonstrando o grande número de insucessos empresariais, embora as melhores intenções e a coragem do empreendedor se faziam presentes.

Também não são raros os estudos que demonstram que, para cada centavo investido em conhecimento do negócio que se pretende empreender, muitos outros serão poupados, evitando-se o insucesso.

Observem que não utilizo a palavra fracasso. Faço isso de modo proposital, pois não consigo perceber fracasso naqueles que decidiram sair de sua zona de conforto e se lançaram na jaula dos leões, que é o mundo dos negócios. Prefiro chamar de insucesso os projetos que não vingaram, pois vejo no insucesso a oportunidade do aprendizado, enquanto que, no fracasso, me parece que a pessoa estaria legada ao abandono das oportunidades.

No ambiente dos bares, restaurantes, hotéis e pousadas, esse conjunto de atividades correlatas são férteis nos exemplos de insucessos. Muitos pensam que basta um balcão e um punhado de mesas e, assim, terão um bar ou restaurante. Outros pensam que basta meia dúzia de quartos e já possuirão um hotel. Se assim pensam, a sua jornada rumo ao insucesso já estará no seu início.

Quando há a decisão de empreender, o investidor "empreendedor" deverá se ocupar de algumas questões:

• Onde é o "ponto" (localização geográfica)?
• Qual a frequência de potenciais clientes e acessos ao local?
• Quais as limitações legais do lugar e região?
• Qual o nível de preparo para empreender? (financeiro e conhecimento)
• Qual o histórico de atuação da concorrência no lugar ou região?

# Da gafe ao garfo

- Qual a cultura do lugar?
- Qual a oferta de mão de obra?
- Qual o preparo, para capacitar a sua equipe?
- Qual a sua disposição para essa nova vida?

Se o empreendedor passar por esse primeiro vestibular, penso que há uma indicação de que o negócio pode dar certo. Mas, não é só.

Já sei. Lendo este livro, você vai pensar: "Lá vem ele jogando água no meu chopp". Mas não. Muito pelo contrário!

Não se trata de insistir na importância do chamado *know-how*. Mas, não posso ser irresponsável e escrever um livro voltado aos amantes da boa mesa, tratando-os como seres não pensantes. Acredito que o leitor desta obra seja uma pessoa voltada à curiosidade de aprender. Daí a importância de despertar a sua atenção quanto aos cuidados que a atividade do "bem servir" requer.

O sucesso dos planos está na observação dos detalhes.

"Não são os grandes planos que dão certo, são pequenos detalhes."
(Stephen Kanitz)

# CAPÍTULO 22

# Detalhes que fazem toda a diferença

Se na década de 1970 os cuidados com os copos já eram expressivos, imagine nos dias de hoje.
Após anos e anos viajando e experimentado comidas, bebidas e hospedagens, passei a observar que os detalhes começaram a se sobrepor aos pratos, bebidas e instalações dos hotéis, bares e restaurantes.

Pode parecer exagero, porém, ainda se faz necessário denotar a importância no cuidado com copos, taças, pratos, talheres e enxoval. Ainda que minha observação pareça primária, cada vez mais é necessário ressaltar que os estabelecimentos comerciais voltados ao setor de alimentação e hotelaria precisam ter atenção com esses utensílios e acessórios.

Não há nada mais constrangedor do que um cliente perceber que um talher, um prato ou um copo não foram lavados e higienizados como deveriam ser. Restos de alimentos e manchas de sabão podem provocar um grande desconforto ao cliente e ao estabelecimento. Não chega ser raro observarmos manchas nos talheres e copos provocadas por resíduos de sabão e detergente. Não basta lavar os utensílios, é preciso que haja uma atenta inspeção quanto ao resultado final. Odores como cheiro de ovo também se revelam um grande desconforto e comprometem o resultado final pretendido.

# Da gafe ao garfo

No entanto, tudo isso pode ser evitado. Basta estabelecer que alguns procedimentos sejam obedecidos e o resultado positivo se revelará.

Talheres tortos, riscados e amassados denotam descuido e falta de respeito para com o cliente. Copos e taças com trincas e falhas expõem os clientes a um risco, podendo, inclusive, provocar acidentes que, certamente, comprometerão a imagem do estabelecimento.

Outro cuidado que requer atenção é com as toalhas de mesa, guardanapos de tecido e toalhas nos banheiros. Em primeiro lugar, não são recomendadas toalhas de tecido em banheiros reservados aos clientes. Além de ser anti-higiênico, deixam um aspecto ruim e revelam sujeira em razão do uso e umidade. Portanto, o uso de toalhas de papel é indispensável.

Quando as toalhas de mesa e guardanapos são de tecidos, o cuidado passa a ser redobrado. Toalhas rasgadas, furadas e puídas em nada contribuem na formação de um conceito positivo sobre o estabelecimento. Manchas e aspecto envelhecido também são indicativos de que algo não está de acordo com o padrão mínimo que se espera de um ambiente limpo, higiênico e saudável.

Quando descrevo os cuidados com os copos, taças, talheres e toalhas não me apego ao refinamento dos materiais. Obviamente que, a depender do refinamento do estabelecimento comercial e de sua proposta de serviços, materiais sofisticados e de superior qualidade vão se enquadrar na proposta. Mas, o que levanto neste livro não restringe os cuidados apenas aos ambientes sofisticados, mas a todos os tipos de estabelecimentos, que vão de quiosques de praia a hotéis estrelados.

Sempre digo em minhas palestras e comentários: "Quando vamos ao banheiro e utilizamos o vaso sanitário, antes da descarga, não temos náusea ao olhar os nossos dejetos. No entanto, quando vamos ao banheiro e encontramos a sujeira de outrem, temos náusea e repulsa".

Temos o hábito de sempre nos absolver de nossos erros, mas sermos intolerantes com os erros dos outros. Assim deve ser a reflexão de um gestor da área de alimentação e hotelaria. O responsável pelo empreendimento deve sempre refletir que o seu negócio comercial não é para si, mas para os outros. É missão do gestor impedir que o cliente tenha qualquer rejeição pelo estabelecimento.

Nos serviços oferecidos, muitos casos podem ser contornados, quando há alguma ocorrência desagradável. No entanto, nos itens limpeza e higiene, por mais que se faça para se reparar o erro, sempre restará dúvida sobre o verdadeiro compromisso do empreendedor em direção a seu cliente.

É possível que o leitor até se incomode com minha insistência e até obsessão por destacar a relevância dos itens higiene e limpeza. Mas, os dados e relatos que colecionei ao longo da minha vida, hospedando-me e frequentando bares e restaurantes, me autorizam a eleger esse binômio como sendo o ponto nevrálgico a ser observado.

A melhor forma de compreender a importância dos cuidados que chamo à atenção neste livro é se colocar no lugar do cliente. Pense: como você reagiria ao encontrar banheiros sujos e descuidados, copos lascados, talheres tortos, toalhas manchadas, mesas balançando e/ou cadeiras desconfortáveis? Procure pensar, com toda sinceridade, se essas ocorrências seriam ou não suficientes para aborrecê-lo? E essas derrapadas no cuidado com os detalhes, infelizmente, são encontradas em, praticamente, todos os lugares do planeta.

### Nota do autor

Aprender com os erros dos outros é um ato de sabedoria. Não errar deve ser uma busca constante e corrigir deve ser o primeiro ato quando se descobre ou são revelados os erros. Cuidado, zelo, limpeza e carinho devem ser as primeiras ferramentas de *marketing* de um estabelecimento comercial. Não há fórmula de sucesso que se sustente sem a qualidade dos serviços oferecidos aos seus clientes.

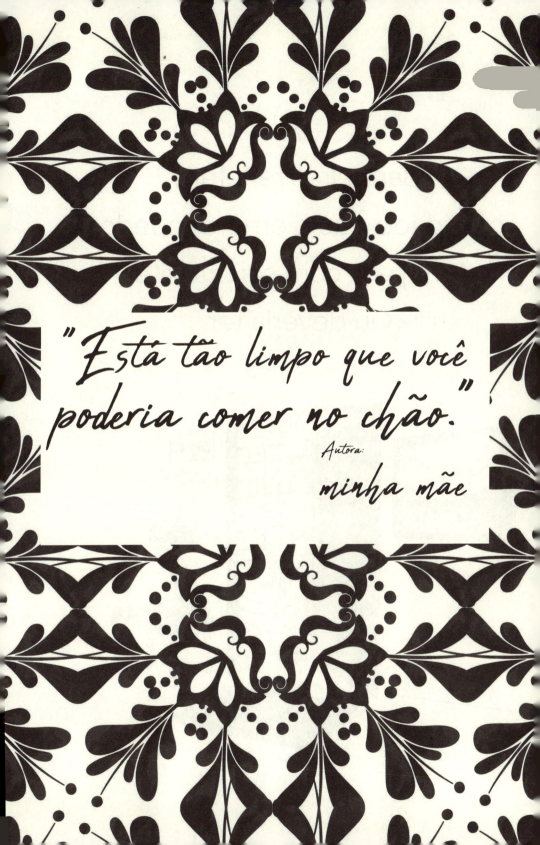

Banheiros refletem
o cuidado que o empreendedor
tem para com seu cliente.
Ou deveria ter.

# CAPÍTULO 23

# Banheiro: para o bem e para o mal

Não há estabelecimento comercial, residencial ou escritório sem um banheiro. Trata-se de um espaço indispensável para adequar o comportamento da pessoa em sociedade. Hoje em dia, as pessoas pensam em verdadeiras obras de arte para construir seus banheiros. Aos cuidadosos, o banheiro passou a ser uma verdadeira atração nas residências e nos estabelecimentos comerciais, em especial, os do ramo de alimentação.

Para melhor compreender a relevância do tema, basta observar a reação de cada um ao se dirigir ao banheiro de um bar ou restaurante. A reação é praticamente a mesma, seja de modo positivo ou negativo. A volta do banheiro para a mesa sempre é acompanhada de comentários. De um instante a outro o banheiro passa a ser assunto da mesa. Principalmente, quando o banheiro se mostra inadequado, descuidado e sujo. Todo o encanto pelo bar ou restaurante vai por ladeira abaixo quando o banheiro decepciona. Tem-se a impressão de que você saiu de casa para ir ao banheiro e se decepcionou. Em fração de segundos, até aquela cerveja estupidamente gelada já não está tão saborosa. A coxinha, o pastel ou *filet mignon* perderam o sabor e a vontade de ir embora passou a ser considerada. É possível que o leitor entenda ser um exagero, mas estou seguro de que a maioria rejeita banheiros sujos e inadequados.

# Da gafe ao garfo

O banheiro é, sim, o cartão de visitas de uma casa ou estabelecimento comercial. Pela impressão que se tem do banheiro, o usuário passa a imaginar a qualidade da cozinha e dos alimentos. Não é recorrente a visita de clientes ao espaço da cozinha, mas, é certo de que esse mesmo cliente visitará o banheiro e passará a avaliar aquele espaço.

Essa avaliação poderá ocorrer dentro de um processo inconsciente. Por vezes, o usuário poderá estar absorvido pela conversa e pela interação com outras pessoas. No entanto, é perfeitamente possível que seu inconsciente passe a se incomodar com as coisas erradas vistas no banheiro e enviar mensagens de insatisfação com o lugar, precipitando sua partida e comentários negativos sobre o espaço.

Vamos deixar claro que tudo começa na construção ou reforma dos banheiros. O empreendedor deve se preocupar com a utilização de materiais adequados à manutenção e higiene do local. Observar a qualidade e tipo de piso – que não seja liso e possa colocar em risco os usuários – pias e torneiras acessíveis, cestos de lixo, saboneteiras e porta papéis, revestimento de paredes e portas. Tudo dentro dos padrões de limpeza, higiene e exigências legais. Vale também ressaltar a importância de banheiros adaptados aos deficientes físicos. Mais do que necessidade, é um mínimo de respeito que devemos ter para com essas pessoas.

Obviamente, encontraremos em espaços refinados e sofisticados banheiros construídos com materiais nobres, decoração com adereços sofisticados e materiais de qualidade inquestionável. Porém, isso, por si só, não garante a qualidade e o resultado pretendidos. De nada vale toda essa sofisticação se o usuário não encontrar papel para enxugar as mãos, se não tiver um sabonete para lavá-las, se o cesto de papéis estiver transbordando, se o vaso sanitário estiver sujo, se o chão estiver todo respingado ou se a porta estiver suja e quebrada. Enfim, não basta estar recoberto de ouro, é preciso estar limpo e cuidado.

Em todas as minhas jornadas, observei que um dos problemas mais frequentes é o da falta de manutenção dos banheiros ao longo do horário de funcionamento. No entanto, basta que um colaborador tenha o simples cuidado de enxugar, abastecer de papéis e recolher o cesto de lixo, para que os banheiros possam continuar a representar aquele estabelecimento comercial. Confesso que tenho dificuldade em entender como uma medida tão simples – limpar os banheiros – e que pode simbolizar a própria sobrevivência do estabelecimento é negligenciada por tantos, provocando o fracasso de vários deles.

Outra consequência que se observa com o descuido com os banheiros é o julgamento que o cliente faz do estabelecimento comercial como um todo. Pela má impressão que se tem ao utilizá-lo, o cliente poderá iniciar um processo de "pré-conceito" em relação ao estabelecimento. Poderá o cliente ser levado a pensar que a cozinha, os alimentos e os empregados estão no mesmo patamar de descuido dos banheiros visitados. É comum e frequente alguém deixar de frequentar um determinado estabelecimento, tal a rejeição pela ruim experiência quando foi utilizar a toalete.

Ainda no conceito cuidado, se faz necessário observar que o banheiro destinado às mulheres requer cuidados ainda mais especiais. Dada a questão anatômica feminina, que necessita sentar-se para se utilizar o banheiro, o cuidado deve ser redobrado. Por consequência, não basta estar limpo, o banheiro ainda deve oferecer um conforto adequado às características da mulher. Não se trata de privilégio, mas de cuidado e respeito àquelas que escolheram seu estabelecimento entre tantos outros.

O melhor método de aferição dos cuidados com os banheiros é o da implantação de um *checklist*, ou seja, um roteiro de providências e cuidados que devem ser observados diariamente. Se o estabelecimento comercial tem funcionamento nos turnos de dia e noite, recomenda-se que os banheiros sejam lavados e higienizados ao menos duas vezes ao dia ou quantas vezes mais se for necessário. A manutenção requer uma revisão a cada hora de funcionamento do estabelecimento. A remoção de papéis usados, enxugar o chão, pia e cuidados com o vaso sanitário deve ser a preocupação nessas revisões.

O banheiro chama tanto a atenção do usuário, que o estabelecimento comercial poderá ser criativo e utilizar esse fundamental espaço para divulgar, ressaltar e complementar os serviços oferecidos. Presentear os clientes com mimos e pequenas lembranças é uma estratégia inteligente e complementar aos cuidados fundamentais com os sanitários.

Banheiros limpos e perfumados refletem a seriedade da casa e o cuidado que o empreendedor tem para com seu cliente.

O difícil não é encher uma casa, mas, sim, mantê-la sempre ocupada.

Casa cheia - por si só - não explica o sucesso, mas um ótimo atendimento sim.

# CAPÍTULO 24

# Quiosques de praia

Decidi separar um capítulo exclusivo para este modelo de negócio que é, extremamente, promissor, mas que, infelizmente, é um desastre em sua maioria. Além dos quiosques de praia, vou encaixar neste tópico aqueles restaurantes que são permitidos funcionarem no calçadão de algumas praias.

Vamos começar pelo seguinte princípio: quem frequenta esses locais, geralmente está com roupa de banho, bermuda e/ou descalço. Mas, isso não significa que ele não espera encontrar um local limpo, que ofereça alimentos e bebidas de qualidade e com a máxima higiene.

Um quiosque de praia não deve ser visto como algo descartável e descuidado, onde os clientes seriam limitados a pedir água de coco, cerveja ou uma porção de peixe ou batata frita. Posso assegurar, aos senhores proprietários, que seu faturamento e margem de lucro dariam saltos enormes casos esses quiosques fossem tratados com zelo e visão gerencial.

Muitas vezes, o cliente não se aventura a ampliar o consumo, pois o nível de confiança é baixíssimo e não se encontra estímulo algum ao frequentar esses locais. As pessoas não toleram mais porções de peixes fritos em óleo velho, gelo feito com água de ori-

# Da gafe ao garfo

gem duvidosa, sucos e drinques feitos com frutas sem conservação. Aliás, eu não sei quem disse que servir porção de peixe nadando em óleo é saudável, ou que uma porção de camarão feita com alho e óleo também tem que vir pingando gordura. E, depois de comer esses desastres gastronômicos, é preciso tomar por cima um copo de refrigerante ou cerveja para ajudar a descer. Pronto, você deixou seu cliente estufado feito um peixe baiacu.

Ao pedir uma porção na beira da praia, as pessoas geralmente o fazem por falta de opção, pois precisam matar a fome, alimentar as crianças ou pessoas de mais idade que estão com elas. Mas, pode ter certeza de que, ao receberem um prato nas condições descritas anteriormente, elas não pedem a segunda porção. Aliás, muitas delas nem voltam a esses estabelecimentos.

Isso não é o pior. Vocês já tiveram que usar o banheiro desses quiosques? Salvo raríssimas exceções, são banheiros imundos, molhados, com cesto de papel transbordando – isso quando têm papel – vaso sanitário sem uma tampa. Sabonete para lavar as mãos, então, é impensável. Caros leitores, estou falando de banheiros que nem porcos frequentariam. Falo isso de forma até grosseira, pois já tive o dissabor de ter que levar um filho a um banheiro desse e ter que segurá-lo no colo o tempo todo com medo de que ele pisasse naquele chão. E como disse antes, geralmente frequentamos esses lugares de chinelo ou descalço. Isso é inadmissível! Tenho certeza de que o dono daquele estabelecimento não leva os filhos dele naquele banheiro.

Não sei se esses proprietários apostam na rotatividade de pessoas, nos turistas que irão para o próximo feriado, no próximo verão. Então, dane-se, porque cliente nunca vai faltar. Ledo engano! Chegará o dia em que ninguém mais vai querer voltar. Clientes novos ou antigos. Nenhum deles. E não devem voltar mesmo! Por mim, ele não deveria passar nem na calçada desse estabelecimento, pois essa é maior falta de respeito que um comerciante pode ter pelo seu cliente.

Felizmente, alguns donos de quiosques já compreenderam a importância dos cuidados que esse modelo de negócio requer. Muitos já oferecem banheiros limpos, duchas, serviços de praia (guarda sol e cadeira), atendentes uniformizados e treinados, talheres limpos, bebidas bem preparadas e um cardápio apropriado e saudável. Não são raros os quiosques que servem alimentação natural e fresca, reduzindo os pratos com frituras e gorduras. E quando servem fritura, fazem naquele óleo limpinho e, de preferência, separado, para que uma batata frita, por exemplo, não intoxique um cliente alérgico a frutos do mar, porque foi frita na mesma gordura.

Sem dúvida, os quiosques que entenderam a necessidade de acompanhar a evolução dos serviços e das demandas estão se saindo bem e fidelizando sua clientela. Em um mercado cada vez mais competitivo, não basta se limitar a vender. É preciso encantar, independente do formato de negócio ou público atendido.

> **Nota do autor**
>
> Um conselho de quem frequenta este modelo de negócio e que, certamente, corresponde ao sentimento da maioria das pessoas que passam diariamente em seu estabelecimento. Está na hora do empresário brasileiro devolver ao seu cliente a confiança imposta nele por ter sido escolhido naquele momento. Às vezes, temos a nítida impressão de que chegamos a um lugar e escutamos nas entrelinhas: "Dane-se você. Quem mandou vir aqui?". Trate seu cliente da melhor forma possível ou, em pouquíssimo tempo, você não terá em quem colocar a culpa pelo seu fracasso.

Não sou o melhor, nem o pior. Sou apenas aquele que decidiu não se esconder.

# CAPÍTULO 25

# Entendendo a origem

Acredito que muitos, assim como eu, sejam curiosos quanto à origem das palavras. Não digo todas, mas, certamente, algumas nos chamam atenção. Neste livro repeti, em quase todos os capítulos, as palavras restaurante, hotel, boteco (bar) e quiosque. Por isso, nada melhor do que entender suas origens e significados.

**Restaurante**

A palavra Restaurante significa restaurar, com origem no latim *restaurare*, que, por sua vez, significa restaurador, reconstrutor, reparador e renovador. Portanto, o restaurante é o lugar onde renovamos nossas energias, seja do corpo ou da mente, sendo certo de que, enquanto estamos em uma mesa, o mundo lá fora para, e nós temos a possibilidade de um pouco de paz e privacidade.

A palavra restaurante, como não poderia deixar de ser, teve sua aplicação e forma nos estabelecimentos que passaram a vender comida (alimentos prontos para o consumo) na cidade de Paris (França).

No século XVIII, havia muitos estabelecimentos comerciais que eram conhecidos como tabernas. No entanto, nesses locais só se encontravam bebidas e, raramente, os frequentadores tinham a oferta de alimentos.

# Da gafe ao garfo

Em Paris, logo após a revolução francesa, os comerciantes passaram a se atentar para a oportunidade de vender "pratos prontos para o consumo", daí nasceram os chamados *restaurant*, passando a ganhar o mundo este novo modelo de negócio.

### Bar – boteco – botequim

A origem da palavra boteco remete a uma variação e derivação da palavra "botequim", que, por sua vez, tem sua origem na palavra "botiquim", diminutivo de "botica", que nasceu no grego *apothéke* que significa "casa de bebidas" ou loja onde se podia comprar em porções menores.

Para nós, brasileiros, o boteco passou a representar, exatamente, aquilo que encontramos nos dias atuais, ou seja, trata-se dos bares em que encontramos os amigos, bebemos e comemos em porções, sem que tenhamos que nos preocupar com regras sofisticadas de etiqueta e os altos custos que recaem sobre os serviços de um restaurante no modelo tradicional.

No caso do Brasil, os botecos foram batizados com os mais variados nomes, a saber:

- **Bar;**
- **Botequim;**
- **Pé-sujo;**
- **Mosca-frita;**
- **Engasga-gato;**
- **Boteco;**
- **Buteco.**

Outra característica muito própria dos comerciantes brasileiros é o de nomear seus bares como uma extensão de seus nomes ou apelidos:

- **Bar do gordo;**
- **Bar da linha;**
- **Bar do Nenéco;**
- **Bar do Zé;**
- **Bar Zinho.**

Os exemplos acima são uma pitada da grande variação de nomes e apelidos que os brasileiros costumam denominar seus bares e botecos. Seja como for, afirmo: nada mais prazeroso do que uma boa prosa em volta de um uma mesa de bar com amigos e queridos, sempre acompanhado de uma boa bebida e petiscos que nunca conseguimos reproduzir em casa.

Os sabores e os aromas de um bom boteco nos fazem relaxar e voltar no tempo.

**Quiosque: mar, campo e cidade**

A palavra quiosque tem origem na Pérsia, passou pela Turquia e encontrou o remanso na França. Os quiosques foram criados, na sua origem, como sendo um espaço ao ar livre para eventos voltados para o campo, onde a preocupação e cuidado eram de proteger as pessoas das intempéries (sol e chuva).

Em francês, a palavra deixou de se escrever *kösk* e passou se ler e escrever *kiosque*.

Com o passar dos séculos, os quiosques passaram a ser sinônimos de tendas comerciais, ou seja, passaram a representar as chamadas "lojinhas". Desde então, os quiosques passaram a dividir a sua função e serem pontos comerciais abrigando produtos e comerciantes. Já a segunda função passou a ser a de abrigo para os clientes que querem se assentar para o consumo dos produtos vendidos no local.

Como exemplo de quiosques:

- **Quiosque de praia (os mais famosos);**
- **Quiosque de calçada (praias e passeios);**
- **Quiosque de eventos;**
- **Quiosque de shoppings.**

**Hotel**

A palavra hotel tem por etimologia o latim *hospes*, que significa "aquele que é recebido". Porém, a palavra no século XIII, na França, sofreu nova adequação linguística, uma vez que a palavra "hospício" também tem por origem a palavra em latim *hospes*. Daí a necessidade de se diferenciar hospício de hotel. A partir daí, a palavra hotel passou a ter o significado de hospedagem, nada diferente das já conhecidas hospedarias.

# Da gafe ao garfo

Portanto, senhores hoteleiros e profissionais voltados à hospedagem, façam de seus estabelecimentos um lugar agradável, reconfortante e reparador de energias. Caso contrário, os seus hóspedes poderão pensar estar em um hospício e não em um hotel.

# CAPÍTULO 26

## Quando os olhos brilham

Ao longo da minha vida ouvi a expressão "olhos que brilham", quase sempre ligada à alegria, felicidade e o prazer de uma conquista. No entanto, eu não tinha me atentado à profundidade dela.

"Olhos que brilham" significa o mesmo que dizer que "as janelas da alma estão escancaradas à espera do amanhecer, do entardecer e do luar". Pode parecer exageradamente poético, mas não é. Explico.

Quando os olhos brilham, significa que o nosso interior está em festa. Significa que a felicidade bateu à nossa porta. Daí a importância de que os olhos brilhem na face de todos aqueles que se lançam no desafio de trabalhar diretamente com o público.

Não consigo perceber reação facial que melhor denote a felicidade no interior das pessoas. Perceber os olhos é o mesmo que enxergar almas. E quando a alma não é pequena, tudo vale a pena, já escreveu, de modo genial, o escritor Fernando Pessoa.

Quando você pensar em atuar no ramo de bares, restaurantes, quiosques e hotéis, procure sentir e perceber se seus olhos brilham e vibram quando fala e pensa no assunto. Não tenha dúvida de que não basta que os olhos brilhem para que tenhamos a garantia do sucesso. Por outro lado, também não duvide de que se você se

## Da gafe ao garfo

emocionar e permitir que os seus empreendimentos ou atividades possam ser refletidas no brilho dos seus olhos, certamente, estará aberto o caminho do sucesso.

Não deixe que a emoção suplante a razão. Mas, não permita que a razão sufoque a emoção. O equilíbrio entre as emoções fará de você forte e isso será o alicerce de todos os seus projetos.

> "Só de ver o brilho no meu olho,
> os falsos já recuam."
> Emicida

# CAPÍTULO 27

# Preservando a vida e seu empreendimento

Deixei como capítulo de encerramento aquele que deveria ser o primeiro. Refiro-me a todos os cuidados e as providências no sentido de que o seu empreendimento seja instalado com a rigorosa e absoluta aplicação de todas as técnicas e observação da legislação municipal, estadual e federal.

Quando um investidor decide dar inicio a seu sonho, ele deverá observar que a aplicação das normas e técnicas, principalmente voltadas à segurança, deverão fazer parte do seu projeto. Importante que o investidor esteja convencido de que as normas técnicas de implantação do seu projeto, nesse caso, contemplando todas as normas de segurança, irão permitir que o sonho, dificilmente; se tornará um pesadelo.

Sem a pretensão de tratar o assunto como um simples roteiro ou manual de orientação, argumento que o empreendedor, ao se decidir por construir ou instalar o resultado de seu sonho, ele deverá observar os seguintes cuidados:

• O local a ser instalado é próprio e esta dentro de zona permitida?
• O terreno ou edificação (pronta) está em condições para receber o empreendimento?
• O projeto (construção civil) está devidamente registrado junto aos órgãos competentes?

# Da gafe ao garfo

- As instalações elétricas e hidráulicas estão em conformidade com a legislação?
- A edificação conta com sistema de prevenção e combate a incêndios?
- A edificação conta com os alvarás de instalação e funcionamento?
- O empreendimento está segurado?

É possível que, ao ler esses tópicos de regularidade e segurança, o leitor possa até se sentir desestimulado a empreender. Confesso que chega a ser um pouco desanimador. No entanto, será a efetiva aplicação destes itens que irá permitir que o projeto se materialize em algo que podemos chamar de empreendimento.

Nos últimos tempos temos assistido a inúmeras tragédias que poderiam ter sido evitadas. A maioria delas ocorreu por vazamento de gás, falência do sistema elétrico, deslizamento de encostas e enchentes. Fomos atingidos por uma grande tragédia no sul do país, quando dezenas de jovens morreram em razão da inadequação de materiais de revestimento no teto do estabelecimento e na falta de portas e acessos de emergência.

Não é possível que, em pleno século 21, os empreendedores ainda possam pensar que a prevenção signifique despesa quando na verdade, trata-se de um investimento que permitirá salvar vidas e o próprio empreendimento.

Importante ressaltar que todos os cuidados e investimentos em segurança e regularidade poderão permitir que o empreendedor, através de ações de *marketing*, possa denotar que o seu estabelecimento oferece as melhores e eficientes condições de conforto e segurança aos usuários e frequentadores. Não são raras as situações onde grandes projetos foram atingidos por sinistros decorrentes da negligência com as normas e controles de qualidade e segurança.

O empreendedor precisa se convencer de que, ao receber no interior de seu estabelecimento colaboradores e clientes, ele passa a ter inteira responsabilidade sobre os mesmos. Razão pela qual não há outro caminho a não ser a rigorosa atenção às normas técnicas e legais.

Cuidar de gente é um ato solidário e a solidariedade implica em compromisso com a vida do empreendedor e a do seu próximo. Não consigo pensar em um projeto vitorioso sem que, com isso, a vida do empreendedor, dos colaboradores e a dos clientes também possam receber o selo da vitória.

# Edson Pudence

Quase todos os dias somos atingidos por notícias de ocorrências que causam sérios danos materiais e, o mais grave, danos causados às pessoas, muitas delas perdendo a própria vida. No entanto, em quase todos os relatos, há sempre um fator desencadeante dessas tragédias; a negligência.

Devo considerar que a negligência não é exclusividade de gestores e empreendedores brasileiros, pois encontramos em muitos outros países, inclusive naqueles considerados "primeiro mundo". Das tragédias a que me refiro, a mais frequente são aquelas decorrentes de incêndios causados por deficiências nas instalações elétricas, incluindo-se a sobrecarga do sistema em decorrência de negligência e falta de cuidado.

Outra ocorrência cada vez mais comum são os vazamentos de gás, tendo em vista a larga utilização desse meio de combustível. Não são raras as explosões em restaurantes e bares, que por vezes, acarretam em danos estruturais e vidas são perdidas.

Vidas são perdidas em incêndios causados pela aplicação inadequada de materiais inflamáveis, pelo simples fato dos empreendedores se decidirem por economizar ou simplesmente negligenciar recomendações técnicas e o mais grave: subestimar estudos e históricos de ocorrências que, certamente, serviriam como um alerta do que não fazer.

Outro alerta importante é a mania do empreendedor de sempre acreditar que sabe de tudo. Uma das características do brasileiro é o de sempre ter uma opinião formada sobre tudo (Raul Seixas), passando a ter um comportamento perigoso, onde um técnico, muitas vezes engenheiro, é substituído pelo "tiozinho" da esquina, que até pode ser competente, mas não tem a formação técnica suficiente para cálculos de demanda e estrutura. Esta é a razão pela qual edificações, aparentemente sólidas, desabam ou são devorados pelo fogo, acabando com sonho e com a vida das pessoas.

Sei que a sociedade brasileira precisa caminhar bastante em direção aos padrões exigidos em países mais desenvolvidos, e isso, certamente, haveremos de alcançar. No entanto, devido as tragédias que já ocorreram em nosso país, o que não falta são exemplos e lições a serem aprendidas. Se não temos uma base educacional que possa formar cidadãos preparados para empreender, certamente temos exemplos, agências governamentais e até *startups* que podem oferecer o suporte necessário de conhecimento a todos àqueles que pretendem empreender.

# Da gafe ao garfo

O importante é que o empresário investidor tenha a consciência de que, ao abrir uma porta para o público, ele passa a ter um acesso para o sucesso, os riscos do fracasso e a responsabilidade de continuar em frente.

Seja qual for o seu empreendimento o investidor precisará, necessariamente, se relacionar com gente, seja na gestão dos negócios, na conquista dos clientes ou nas críticas do meio externo. Isso sem falar da concorrência empresarial, cada vez mais presente nos dias atuais.

Mais do que dinheiro ou recursos materiais, o empreendedor precisa estar preparado para mares revoltos, ajustando as velas e navegando sempre em direção a uma terra prometida que podemos chamar de SUCESSO.

**Referências**
Dicionário brasileiro da língua portuguesa. 2. ed. N. Fronteira, 1986, p.279.
GRAMÁTICA.NET. Disponível em: <http://www.gramatica.net.br/>.
WIKIPÉDIA – enciclopédia livre. Disponível em: <https://www.wikipedia.org/>.